교실 밖에서 **발견**하는 수학의 원리

디스커버리 수학 5

초등 3학년 이상

학교에서는 경험할 수 없었던 **흥미만점 수학 도전과제**

미션 **9** 화성 탐사

미션 **10** 체험! 종합병원 응급실

아울북

들어가는 말

- 생활 주변에서 일어나는 현상을 수학적으로 관찰하고 조직하는 경험을 통하여 수학의 기초적인 개념, 원리, 법칙을 이해하는 능력을 기른다.
- 수학적으로 사고하고 의사소통하는 능력을 길러 생활 주변에서 일어나는 문제를 합리적으로 해결하는 능력을 기른다.
- 수학에 대한 관심과 흥미를 가지고, 수학의 가치를 이해하며 수학에 대한 긍정적 태도를 기른다.

위의 세 가지는 바로 2009년부터 시행되는 개정 교육과정에 제시된 초등학교 수학교육의 목표입니다. 이 목표가 제대로 이루어진다면 초등학교를 마친 학생들은 수학을 친근하게 느끼고, 수학적인 사고력으로 주변에서 부딪히는 문제들을 해결해 나갈 수 있을 것입니다.

그런데 우리 어린이들은 '수학'이라는 말만 들어도 고개를 절레절레 흔듭니다. 그냥 어려운 것이 아니라 왜 배우는지를 모릅니다. 어찌 생각하면 어른들이 어린이들을 골탕 먹이려고 만든 것이 아닐까 의심하기도 합니다.

왜 이렇게 되었을까요?

바로 우리 어른들이 아이들에게 강요한 수학 공부의 방식에 그 답이 있습니다. 우리 아이들은 초등학교 때부터 매일매일 풀어야 하는 학습지와 계산력을 높이는 반복학습형 학습지에 치여 삽니다. 왜 수학이 필요한지, 수학이 어떻게 우리 생활에 도움이 되는지, 수학을 통해서 길러지는 사고력이 얼마나 중요한지는 느껴볼 겨를이 없습니다. 오히려 반복되는 계산과 단순 문제 풀이가 아이들로 하여금 점점 수학을 외면하고 피하게 만듭니다.

영국 초등학생들이 배우는 'Using Maths - Exciting Real Life Maths Activities (수학 활용하기 - 흥미진진한 실생활 수학 활동)'는 아울북 초등교육연구소가 우리 아이들에게 수학의 재미를 찾아주고, 수학적 사고력과 실생활 활용 능력을 키워 주기 위해 소개하는 첫 번째 외국 수학책입니다.

영국 Ticktock사에서 총 12권으로 발간한 〈Using Maths〉 시리즈는 아이들이 흥미 있어 하는 12개의 분야를 뽑아, 그 분야의 생활을 통해 수학적 사고를 기르고 문제를 해결하는 경험을 하도록 구성되어 있습니다.

예를 들어 아이들이 즐겨 찾는 '동물원을 구하라' 편 (제 1권 미션1) 을 보면, 동물원에서 벌어지는 여러 가지 활동들을 보여줍니다. 어떤 동물을 동물원에 데려와서, 돌보고, 치료하고, 새끼를 낳아 키우는 과정을 보여줌으로써 현실성과 흥미를 느끼게 합니다. 그리고 그 과정에서 부딪히는 문제들을 수학적으로 사고하고 해결할 수 있도록 자료와 문제를 제시합니다. 아이들은 흥미 있는 소재를 따라가며 재미있고 자연스럽게 수학적 사고와 문제 해결 방법을 익히게 됩니다.

또한 첩보제트기 조종, 에베레스트 등반 등 모두 12가지 주제에서 과학, 지리 등 여러 가지 분야와 관련된 문제들을 해결하면서 통합적인 사고력을 키우게 됩니다. 여러 가지 직업에 대한 정보도 얻고, 미래의 그가 되어 간접 경험을 하는 것은 이 책이 선물하는 덤입니다.

〈디스커버리 수학 시리즈〉는 수학의 기본 개념을 이해하고 있는 학생들이 읽으면 좋습니다. 이런 학생들은 이 책의 활동을 따라가며 제시되는 자료들을 분류하고 활용하면서 수학적 창의성과 통합적 사고력을 키우게 될 것입니다.

또한 〈디스커버리 수학 시리즈〉는 수학의 가치를 이해하지 못하는 아이들에게도, 학교에서 배우는 수학이 사실 아주 재미있는 과목이며, 우리 생활과 밀접하게 연관되어 있다는 것을 느끼게 해줌으로써 학습 동기와 의욕을 북돋아줄 것입니다.

〈디스커버리 수학 시리즈〉는 모두 6권으로 구성되어 있습니다.

	제 1권	제 2권	제 3권	제 4권	제 5권	제 6권
미션 1	동물원을 구하라	자동차 경주에서 우승하기	스턴트맨이 되어 보자	산에서 살아남기	화성 탐사	초고층 건물 세우기
미션 2	나는야 과학수사대	날아라! 첩보제트	도전! 익스트림 스포츠	에베레스트 등반	체험! 종합병원 응급실	롤러코스터 설계

아울북 초등교육연구소

이렇게 활용해요

수학은 우리가 살아가는 데 중요한 역할을 합니다. 게임을 하거나 자전거를 탈 때, 쇼핑할 때 등 사실 하루 종일 수학이 사용되지 않는 곳이 없어요. 일을 할 때에도 누구나가 수학을 사용할 필요가 있답니다. 여러분이 잘 느끼지 못할 수 있지만, 우주를 탐험하고 우주선을 조종하는 데에도 수학을 이용한답니다. 이 책을 통해 여러분은 우주 탐험과 같은 실제 생활의 자료와 사실을 가지고 흥미로운 수학 활동을 할 거예요. 수학적 사고력을 키우고 또 한편으로는 우주에 대한 관심도 부쩍 늘 것입니다.

다음을 보면 이 흥미로운 책을 효과적으로 활용하는 데 도움이 될 거예요.

우주와 태양계 행성, 우주비행사가 되기까지에 관한 읽을거리

우주 미션

광활한 우주와 태양계, 지구와 비슷한 행성인 화성, 또 우주에서의 생활과 우주비행사가 되기위한 방법에 대해 알아봅니다.
미션은 우주 탐험을 하면서 생기는 문제들을 수학적 내용을 이용하여 해결하기 위한 질문이에요.
몇몇 질문의 답을 찾기 위해, **DATA BOX**에서 자료를 수집하는 것이 필요하며, 때로는 도표나 도형 또는 문장으로부터 자료와 사실을 찾아야 합니다.

준비가 되었나요? 그렇다면 흥미로운 우주 탐험과 수학을 경험해 볼까요?

주제와 관련된 재미있는 이야기

DATA BOX

이 박스에는 여러분의 수학적 활동을 도와주는 중요한 자료들이 있어요. 이 자료를 충분히 활용해 보세요.

도전 문제

자신 있다면 이 문제에 도전해 보세요.

마무리 도전 문제

11개의 이야기를 통해 우주비행사 도전을 무사히 마쳤다면, [마무리 도전 문제]를 통해 실력을 한 단계 업그레이드 시켜 보세요.

성공을 위한 팁

도전 중 도움이 필요하다면, [성공을 위한 팁]에 여러분을 도와줄 설명이 있답니다.

이해를 돕는 개념 설명

만일 [성공을 위한 팁]의 내용을 좀더 깊게 알고 싶다면, [이해를 돕는 개념 설명]을 참고해 보세요.

정답 및 해설

72-79쪽에서 정답을 확인해 보세요. 정답을 보기 전에 가능한 모든 방법을 찾아보고, 깊게 생각해 보기 바랍니다.

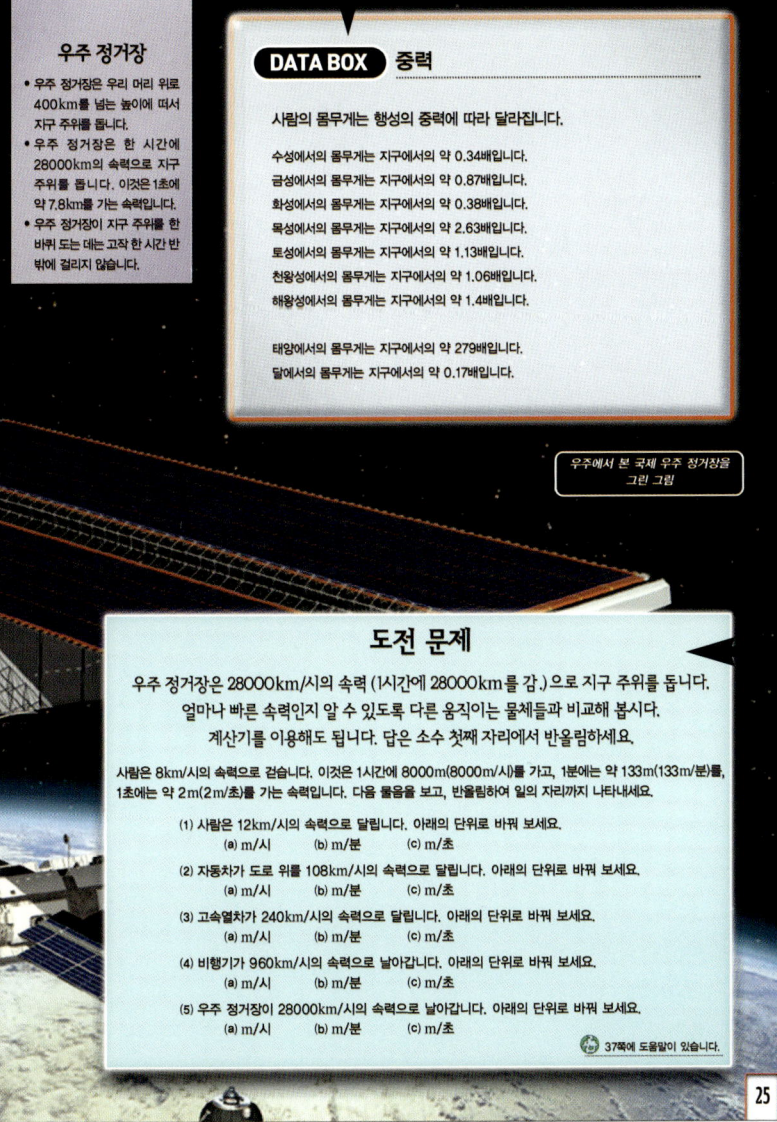

목차

미션 9 화성 탐사

우주 탐험을 하기 전에	10
화성	12
화성을 향하여	14
발사!	16
화성호 조종하기	18
화성에서	20
남극 기지	22
국제 우주 정거장	24
우주 정거장에서의 하루	26
우주 정거장에서의 식사	28
화성 탐험	30
우주비행사가 되려면	32
마무리 도전 문제	34
성공을 위한 팁	36
이해를 돕는 개념 설명	38

미션 10 체험! 종합병원 응급실

응급실에 가기 전에	42
응급 상황 발생!	44
응급 환자가 도착하면	46
간호사가 하는 일	48
심장 박동과 혈압	50
체온	52
숨쉬기	54
여러 가지 검사	56
처방하기	58
엑스레이 촬영	60
약 처방 목록	62
응급 처치 후	64
마무리 도전 문제	66
성공을 위한 팁	68
이해를 돕는 개념 설명	70
정답 및 해설	72

미션 9 화성 탐사

STAGE 1 화성
STAGE 2 화성을 향하여
STAGE 3 발사!
STAGE 4 화성호 조종하기

이런 내용들을 공부해요

계산
암산을 하거나 종이에 적어서 계산하며, 덧셈, 뺄셈, 곱셈, 나눗셈을 연습할 것입니다.

수
- 수 비교하기 : 12, 13쪽
- 소수 : 16, 23, 24, 25쪽
- 분수 : 26쪽
- 음수 : 20, 21쪽

- 수열 : 16, 28쪽
- 퍼센트 : 26, 27쪽
- 반올림 : 23, 25, 33쪽

생활 속 문제 해결
- 실제 계기판과 눈금의 사용 : 18쪽
- 시간 : 14, 15, 17, 23, 25, 26, 27, 32, 33쪽

- STAGE 5 화성에서  
- STAGE 6 남극 기지
- STAGE 7 국제 우주 정거장 
- STAGE 8 우주 정거장에서의 하루  
- STAGE 9 우주 정거장에서의 식사 
- STAGE 10 화성 탐험
- STAGE 11 우주비행사가 되려면

자료 다루기
- 평균 : 23쪽
- 도표 : 22, 23, 31쪽
- 그래프 : 21쪽
- 원그래프 : 26, 27쪽
- 표 : 12, 13, 23, 31쪽
- 공식 : 29쪽

도형과 공간
- 입체도형 : 12쪽
- 좌표 : 19쪽

우주 탐험을 하기 전에

"10, 9, 8, 7, 6, …"
모두들 긴장된 얼굴로 손에 땀을 쥐고, 텔레비전 화면에서 울려 퍼지는 카운트다운 소리를 따라 외치고 있습니다.

그리고 '발사!' 하는 소리와 함께 한국 최초의 우주인 이소연이 탑승한 소유즈 TMA-12는 굉장한 소리와 함께 길이가 120m를 넘는 불꽃을 뒤로 내뿜으며 단숨에 하늘 높이 솟아 올랐습니다.

그 때가 우리 나라 시간으로
2008년 4월 8일 저녁 8시 16분.
아! 어쩌면 여러분도 그 순간을 함께 지켜보았을지도 모르겠군요.
그 날의 발사는 우리에게 특별했어요.
우리 나라 최초의 우주인 이소연이 우주로 가고 싶은 우리의 꿈을 실현시켜 주는 날이었으니까요.

지구 궤도에 돌입한 소유즈 호는 지구 주위를 90분에 한 바퀴씩 33~34바퀴를 돈 후에 **'국제 우주 정거장'에 도킹했습니다.**
도킹이란, 사람이 두 우주선 사이를 왔다갔다 할 수 있도록 두 개의 우주선을 결합시키는 것을 말해요.

국제 우주 정거장은 1998년부터 만들기 시작해서 2010년에 완성될 예정이에요. 2000년 11월부터 2~3명의 우주인이 계속 그 곳에 살면서 우주에 대한 여러 가지 임무 수행을 하고 있답니다.

이소연이 국제 우주 정거장에 도착했을 때에도 이미 6개월 전에 소유즈 TMA-11을 타고 온 유리 말렌첸코와 페기 윗슨이 우주 생활을 하고 있었지요.

우주에서의 생활은 어떨까요?

우주에는 중력이 없기 때문에 뭐든지 둥둥 떠올라 버려요. 몸이 원하지 않는 방향으로 떠가는 것을 막기 위해 잠을 잘 때, 운동을 할 때, 몸을 씻을 때에도 항상 몸을 어딘가에 묶어서 고정시켜야 합니다.

물과 음식물도 그릇 속에 얌전히 있지 않고 공중으로 도망가 버려요. 그래서 음식물을 플라스틱 주머니에 넣어 두었다가 빨대로 빨아 먹거나, 숟가락이나 포크가 잘 붙어 있도록 음식물을 끈끈하게 만들어요. 칼과 포크, 숟가락에는 자석을 달아서 탁자 위에 끼워 놓은 쟁반에 붙여 놓고 사용하지요.

화장실에 갈 때에는 특히 조심해야 해요. 공기로 변을 빨아들이는 기구에 정확히 변을 보지 않으면, 변이 여기저기로 둥둥 떠다니거든요. 만일 실수로 그런 일이 생긴다면 재빨리 손으로 집어서 변기의 구멍 속에 넣어야 해요. 변이 기계에 끼어서 기계가 고장나면 큰일거든요.

어때요? 우주에서의 생활이라니, 생각만 해도 벌써 가슴이 두근거리지요? 그럼 우주 속으로 함께 출발!

STAGE 1 화성

화성은 태양계에 있는 행성* 중에서 가장 지구와 비슷합니다. 그래서 크기는 지구보다 조금 작지만, 화성에는 사람이 살 수도 있지 않을까하는 의문을 항상 품어 왔어요. 화성의 표면에는 높이 솟은 산도 있고 깊은 크레이터*도 있지요. 또, 화성의 표면은 수십억 년 동안 바람에 의해 깎여 먼지로 뒤덮여 있습니다. 그 먼지가 얼마나 많은지 화성의 북극에는 먼지로 만들어진 모래 언덕이 있을 정도예요! 화성은 지구에 비해 태양과 멀리 떨어져 있어서 춥고 건조합니다. 지금부터 화성에 대해서 좀더 알아볼까요?

*행성 : 우주에서 태양이나 다른 별들의 주위를 돌고 있는 물체   *크레이터 : 화산 폭발이나 운석과 부딪혀서 생긴 구멍

화성

우주 미션

아래 DATA BOX 1 에는 화성과 지구를 비교하는 표가 있습니다. 표를 보고, 다음 물음에 답하세요.

(1) 얼마나 더 긴지 비교해 보세요.
 (a) 화성에서의 하루는 지구에서의 하루보다 몇 분이나 더 긴가요?
 (b) 화성에서의 1년은 지구에서의 1년보다 며칠이나 더 긴가요?

(2) 화성이 지구보다 각각 몇 km 더 짧은지 알아보세요.
 (a) 적도반지름은 지구보다 얼마나 짧은가요?
 (b) 극반지름은 지구보다 얼마나 짧은가요?
 (c) 핵반지름은 지구보다 얼마나 짧은가요?

(3) 화성에서 가장 높은 산은 지구에서 가장 높은 산인 에베레스트 산의 몇 배 정도일까요? 아래에서 골라 보세요.
 • 약 2배 정도 높습니다.   • 약 $2\frac{1}{2}$ 배 정도 높습니다.   • 약 3배 정도 높습니다.

36쪽에 도움말이 있습니다.

DATA BOX 1 화성과 지구

비교 부분	화성	지구
적도반지름	3397km	6373km
극반지름	3375km	6356km
핵반지름	1700km	3484km
1년은 며칠일까?	687일	365일
하루는 몇 시간일까?	24시간 37분	24시간
가장 높은 산의 높이	25000m	8848m

36쪽 '구'를 참고하세요.

지구

붉은 별 화성

화성은 색깔 때문에 '붉은 별' 이라고도 불립니다. 화성이 붉게 보이는 이유는 바위와 흙 속에 산화철 성분이 들어 있기 때문입니다.

2030년에 화성으로 우주비행사를 보낼 계획입니다.

DATA BOX 2
태양으로부터의 거리

태양계 모든 행성들은 지구 주위를 돌고 있습니다. 다음은 행성과 태양 사이의 평균 거리를 나타낸 표입니다. (십만의 자리에서 반올림한 값입니다.)

지구	150000000km
목성	778000000km
화성	228000000km
수성	58000000km
해왕성	4497000000km
토성	1427000000km
천왕성	2870000000km
금성	108000000km

도전 문제

위의 DATA BOX 2 를 보고, 다음 물음에 답하세요.

(1) 행성과 태양 사이의 평균 거리를 가장 짧은 것부터 차례로 나열하세요.

(2) 지구와 가장 가까운 곳에 있는 행성은 어느 것인가요?

(3) 태양에서 화성까지의 거리와 비교해 보세요.
   (a) 태양에서 목성까지의 거리보다 얼마나 더 가깝나요?
   (b) 태양에서 토성까지의 거리보다 얼마나 더 가깝나요?
   (c) 태양에서 해왕성까지의 거리보다 얼마나 더 가깝나요?

(4) 태양에서의 거리가 다음과 같은 행성은 무엇인가요?
   (a) 금성과 태양 사이의 거리의 약 7배
   (b) 수성과 태양 사이의 거리의 약 4배
   (c) 지구와 태양 사이의 거리의 약 30배
   (d) 수성과 태양 사이의 거리의 약 50배

 36쪽에 도움말이 있습니다.

1년과 하루

각 행성이 태양 주변을 완전히 한 바퀴 도는 데 걸리는 시간을 1년이라고 합니다. 또한 행성은 스스로 회전하기도 하는데 이때, 중심이 되는 축을 자전축이라고 합니다. 하루는 자전축을 중심으로 행성이 한 바퀴를 완전히 도는 데 걸리는 시간입니다.

STAGE 2 화성을 향하여

항공우주국에서 일하고 있는 나는 화성으로 유인 탐사선*을 보내려고 해요. 그러려면 그 전에 화성에 대해 많은 것을 알고 있어야겠죠? 항공우주국에서는 먼저 사람이 타지 않고 로봇만 있는 무인 탐사선을 화성에 보내기로 하였습니다. '화성호'라고 불리우는 이 무인 탐사선은 화성의 표면에 물이 있는지, 대기의 성분이 무엇인지, 화성의 땅은 어떠한지 살펴보고, 그 정보를 지구로 보내야 하는 임무를 가지고 있습니다.

*유인 탐사선 : 사람들을 태운 탐사선

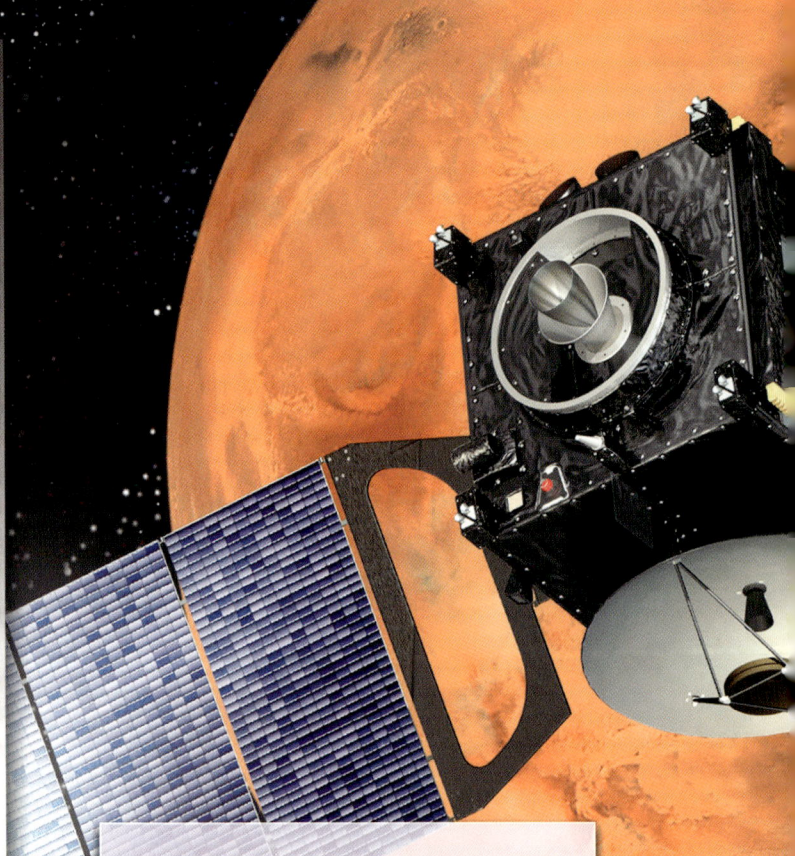

우주 미션

탐사선을 화성으로 쏘아 올리기 가장 좋은 때는 화성과 지구의 거리가 가장 가까운 때입니다. 그래야만 탐사선이 최소한의 거리만으로도 화성에 닿을 수 있겠지요?

(1) 화성과 지구의 거리가 가장 가까운 날로부터 정확히 100일 전에 탐사선을 쏘아 올리기로 결정했습니다. **DATA BOX** 에 있는 자료를 살펴보고, 탐사선을 쏘아 올릴 날짜를 알아보세요.
   (a) 2010년
   (b) 2012년

(2) 지구에서 화성까지 가는 데 정확히 6개월이 걸린다면, 탐사선이 화성에 도착하는 날짜는 언제인가요? (문제(1)의 (a), (b)의 답을 이용하여 각각 구하세요.)
   (a) 문제(1)의 (a)의 경우
   (b) 문제(1)의 (b)의 경우

36쪽에 도움말이 있습니다.

화성호의 태양 전자판

화성호에는 태양 전자판이 달려 있어서 태양을 이용하여 필요한 에너지를 얻습니다. 태양 전지를 충전하여 탐사선이 태양 반대쪽 방향인 화성 뒤편으로 들어가 완전히 어둠 속에 있을 때도 움직일 수 있습니다.
로켓이 발사될 때 태양 전자판은 접혀 있습니다. 탐사선이 로켓과 분리되고 난 다음에 뚜껑이 열려 전지가 펼쳐지고, 태양을 향해 몸을 돌립니다. 태양 전지의 총 면적은 11.42 m^2 입니다. 그리고 보통 650와트*의 전력을 만들어냅니다.

*와트 : 전력의 단위

무인 탐사선인 '화성호'가 화성 주위를 돌면서 자료를 수집하는 모습.

지상 관제탑

지구에 있는 지상 관제탑에서 탐사선으로 명령을 내립니다. 탐사선이 지구에서 멀어질수록 명령이 탐사선에 도착하는 시간은 점점 더 길어집니다. 탐사선이 화성에 있을 때는 지구에서 보낸 명령이 '화성호'까지 도착하는 데 약 8분의 시간이 걸린다고 합니다.

DATA BOX 화성과 지구의 궤도

태양계의 모든 행성은 태양 주위를 일정한 거리를 두고 돕니다. 이러한 행성의 경로를 태양을 도는 행성의 궤도라고 합니다.

태양을 한 바퀴 도는 데에 지구는 약 365일, 화성은 약 687일이 걸립니다. 지구와 화성이 태양을 한 바퀴 도는 데 걸리는 시간이 다르기 때문에, 아래의 그림처럼 지구와 화성이 가까이 있을 때도 있고, 멀리 떨어져 있을 때도 있습니다.

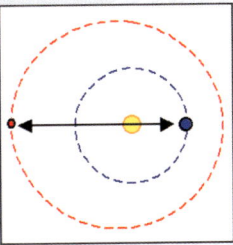 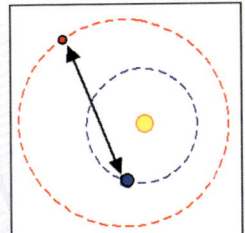 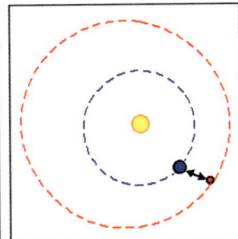

○ 태양
● 지구
● 화성
----- 지구의 궤도
----- 화성의 궤도

화성호는 화성과 지구가 가장 가까운 거리일 때에 맞춰서 화성으로 가야 합니다. 2003년에 화성은 지구에 매우 가깝게 접근했습니다. 그 때 화성과 지구 사이의 거리는 5천 5백만 km입니다. 반면에 멀리 떨어져 있을 때는 화성과 지구 사이의 거리가 4억 km나 되기도 합니다. 다시 가장 가까운 거리가 될 때까지는 2년 1개월이 걸립니다

다음은 화성과 지구 사이의 거리가 가장 가까운 때의 날짜입니다.

| 12월 23 2007 | 1월 27 2010 | 3월 4 2012 | 4월 10 2014 |

도전 문제

DATA BOX 에서 지구와 화성이 태양을 한 바퀴 도는 데 걸리는 시간을 보고, 다음 물음에 답하세요.

(a) 지구가 태양을 두 바퀴 돌 때 약 며칠이 걸릴까요?
(b) 화성이 태양을 두 바퀴 돌 때 약 며칠이 걸릴까요?
(c) 지구가 태양을 세 바퀴 돌 때 약 며칠이 걸릴까요?
(d) 화성이 태양을 세 바퀴 돌 때 약 며칠이 걸릴까요?

STAGE 3 발사!

드디어 출발하는 날입니다. 화성호가 발사대*에 올려졌습니다. 발사하기 12시간 전부터 발사까지의 카운트다운*을 시작합니다. 발사 때까지 시험하고 확인해야 할 것들이 참 많으므로 시간 계획을 잘 세워야 해요. 그러려면 발사까지 남은 시간을 정확히 알아야겠지요? 나는 마지막 카운트다운을 맡았습니다. 모든 일들이 제 시간 안에 처리되어야 합니다. 카운트다운이 끝나고, 모두들 긴장된 표정으로 로켓이 성공적으로 발사되는 장면을 바라보고 있어요!

*발사대 : 로켓을 쏘기 위하여 고정 시켜 놓는 받침대   *카운트다운 : 로켓의 발사 순간을 0으로 하고 시간을 거꾸로 세어 가는 일

우주 미션

DATA BOX 에서는 발사 12시간 전부터 로켓을 발사하기까지 해야 할 일이 나와 있습니다. 각 단계를 언제 시작해야 하는지 확인해 봅시다.

(1) 로켓이 정확히 17시 25분*에 발사되어야 할 때, 각 단계가 시작되는 시각을 적어 보세요.

 (a) 1단계   (b) 2단계
 (c) 3단계   (d) 4단계
 (e) 5단계   (f) 6단계
 (g) 7단계   (h) 8단계
 (i) 9단계

(2) 아래에 각각 다른 규칙으로 수를 나열하였습니다. 다음에 올 수를 이어서 3개씩 적어 보세요.

 (a) 18, 16, 14, 12, 10
 (b) 42, 37, 32, 27, 22, 17
 (c) 24, 21, 18, 15, 12
 (d) 29.5, 25.5, 21.5, 17.5, 13.5
 (e) 9.8, 8.7, 7.6, 6.5, 5.4, 4.3

*17시 25분 : 하루를 24시간으로 볼 때, 오후 5시 25분을 17시 25분으로 나타내기도 합니다.

36쪽에 도움말이 있습니다.

DATA BOX — 로켓이 발사되기까지

단계	남은 시간	해야 할 일
1	12시간	마지막 카운트다운을 시작합니다.
2	7시간 30분	전기 장비를 확인합니다.
3	3시간 20분	주 엔진을 확인합니다.
4	1시간 10분	발사 장비와 관제탑 사이의 연결을 확인합니다.
5	7분	모든 장비 확인이 끝나고, 발사 허가가 내려집니다.
6	4분	연료 가스가 준비됩니다.
7	1분	로켓 안에 있는 컴퓨터의 전원을 켭니다.
8	4초	로켓 안의 컴퓨터가 작동합니다.
9	3초	로켓을 둘러싸고 있는 장비들이 풀리고, 발사 과정에 들어갑니다.
발사	0초	주 엔진이 불을 뿜으며 날아오릅니다.

화성호가 소유즈 로켓과 함께 발사되고 있습니다.

도전 문제

아래의 로켓 이야기에서 로켓이 궤도에 오르기까지 1초에 8km를 날아간다는 것을 알 수 있습니다.

로켓이 이 속력으로 계속 날아간다면, 다음 시간 동안 얼마나 멀리 갈 수 있을까요?

(a) 2초 (b) 10초
(c) 30초 (d) 1분
(e) 5분 (f) 10분
(g) 30분 (h) 1시간
(i) 1일

로켓과 중력 탈출 속도

로켓은 '중력 탈출 속력'을 내기 위해 어마어마한 힘을 내뿜습니다. 로켓이 우주로 나가려면 지구가 끌어당기는 힘인 중력을 벗어나기 위해 반드시 '중력 탈출 속력'으로 날아가야 합니다. 중력이란 행성(지구)의 한 가운데를 향해 물체를 잡아당기는 힘을 말합니다. 로켓은 궤도에 이르기 전까지 8km/초의 속력으로 날아갑니다. 이 말은 로켓이 1초만에 8km(8000m)를 날아간다는 뜻입니다. 경주용 자동차보다 100배나 빠른 속력입니다.

STAGE 4 화성호 조종하기

나는 지구에 있는 화성호의 조종실 안으로 왔습니다. 이곳에서 우주 탐사선의 모든 부분을 확인하고, 조종을 할 수 있어요. 조종실은 우주 탐사선의 여러 가지 정보를 보여 주는 화면으로 가득 차 있고, 화성호는 수백만 개의 자료들을 끊임없이 지구로 보내옵니다. 우리들은 화성호로부터 받은 수많은 자료들을 모아 필요한 정보를 얻습니다. 이 자료를 통해 화성이 어떤 곳인지 알게 되고, 화성과 화성의 대기* 속에 숨겨진 비밀들을 밝혀내지요. 여러분은 각 자료에 담긴 의미를 해석할 수 있나요?

*대기 : 행성을 둘러싸고 있는 기체

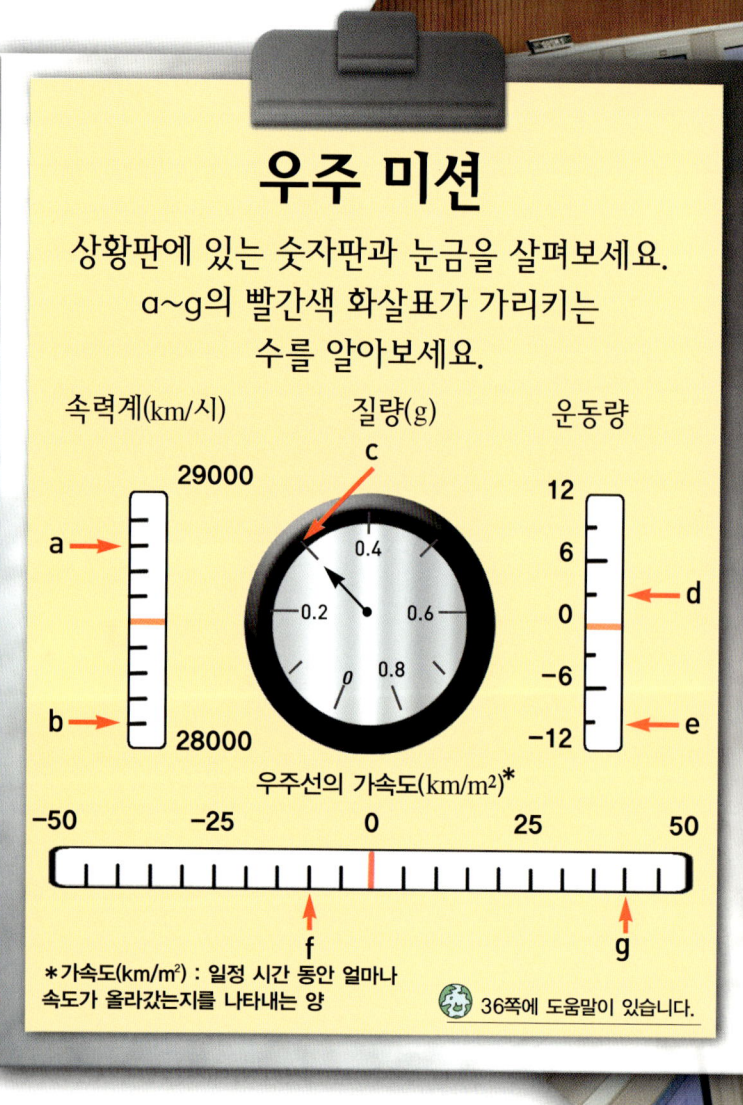

우주 미션

상황판에 있는 숫자판과 눈금을 살펴보세요.
a~g의 빨간색 화살표가 가리키는
수를 알아보세요.

속력계(km/시)   질량(g)   운동량

우주선의 가속도(km/m²)*

*가속도(km/m²) : 일정 시간 동안 얼마나 속도가 올라갔는지를 나타내는 양

36쪽에 도움말이 있습니다.

조종실의 과학자들은
하루 24시간 내내 화성에 있는
탐사선을 확인합니다.

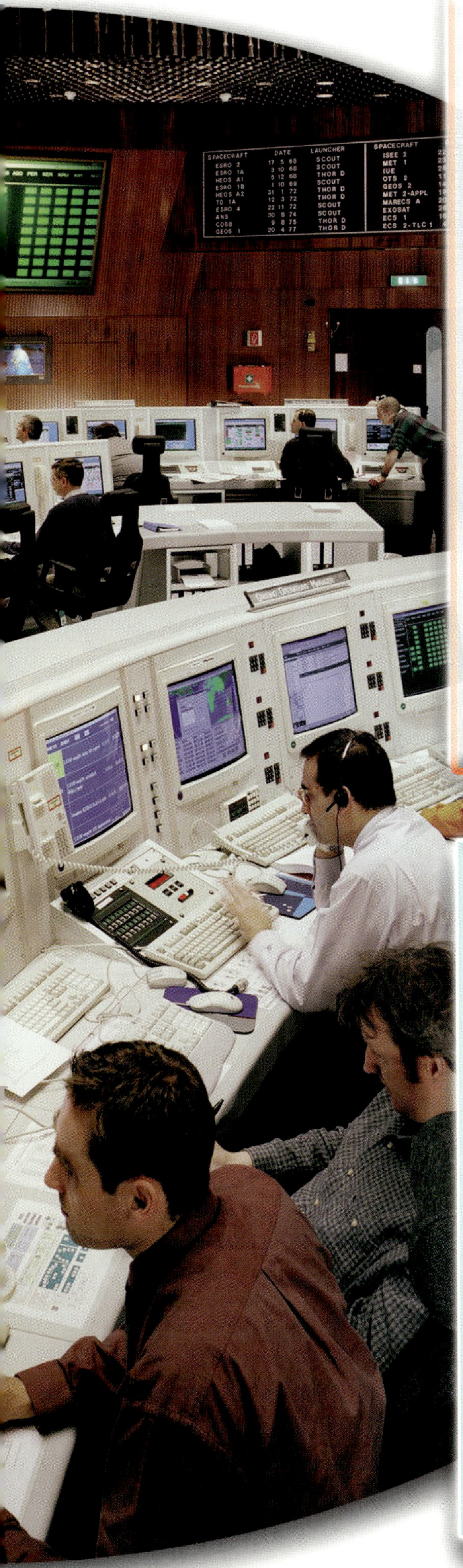

DATA BOX 화성의 표면

화성호에서 화성의 표면을 찍은 사진을 보내왔습니다. 눈금 한 칸의 거리는 15km입니다.

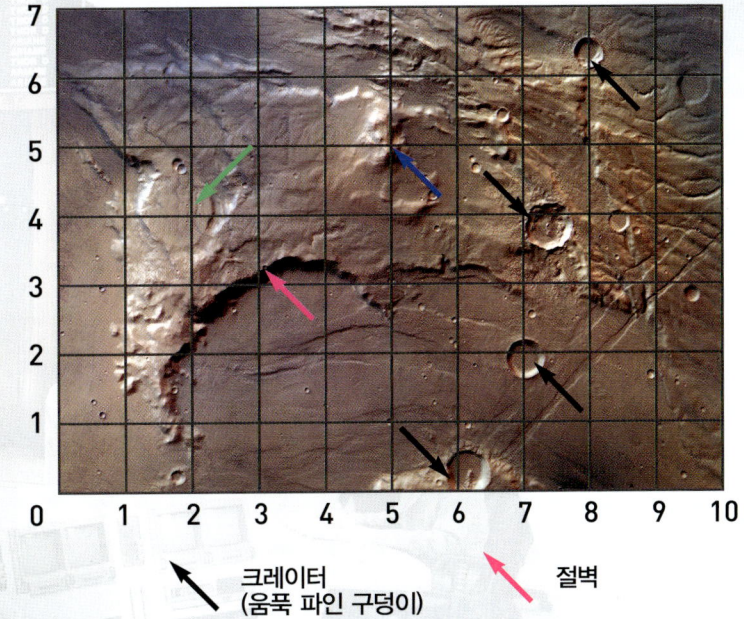

7
6
5
4
3
2
1
0
1
2
3
4
5
6
7
8
9
10
크레이터
(움푹 파인 구덩이)
절벽
고원
(높고 평평한 땅)
산

도전 문제

지구의 조종실에서는 화성에서 온 정보를
신중하고 정확하게 분석하고 기록해 나갑니다.
DATA BOX 를 보고, 다음 물음에 답하세요.

(1) 사진에 있는 땅의 모습에 맞게 좌표에서 빠진 부분을 채워 보세요.

(a) 크레이터가 있는 곳은 (6, 0), (7, □), (7, □), (8, □) 근처입니다.

(b) 커다란 원형의 고원이 있는 곳은 (2, □) 근처입니다.

(c) 이 사진에서 가장 높은 절벽은 (3, □) 근처에 있습니다.

(d) 이 사진에서 가장 높은 산의 꼭대기의 위치는 (□, 5)입니다.

(2) 다음 좌표 사이의 거리는 몇 km일까요?

(a) (4, 1)과 (4, 6) 사이의 거리는?

(b) (1, 1)과 (9, 1) 사이의 거리는?

(c) (3, 5)와 (9, 5) 사이의 거리는?

36쪽에 도움말이 있습니다.

STAGE 5 화성에서

로켓이 발사된 지 6개월 후, 탐사선 화성호는 안전하게 화성에 착륙했습니다. 탐사선이 화성에 있는 동안 로켓의 다른 부분은 화성의 궤도를 돕니다. 이제부터 각종 과학 장비를 이용하여 탐사선이 직접 화성 표면에 대한 정보를 수집합니다. 화성의 대기는 지구처럼 사람이 숨쉴 수 있도록 산소가 있는지, 땅의 성분은 무엇인지, 중력은 어느 정도인지 등 많은 정보를 수집하지요. 또한 화성의 표면을 사진으로 찍고 지도도 만들어 지구로 보내야 합니다. 화성호가 할 일이 정말 많군요!

우주 미션

화성 표면의 온도 변화에 대해서 알아보세요.

다음 물음에 답하세요.

(1) 화성의 남극의 온도는 −80℃에서 65℃만큼 올랐습니다. 몇 ℃일까요?

(2) 여름 낮의 온도는 8℃에서 50℃만큼 떨어졌습니다. 몇 ℃일까요?

(3) 아래 상황에서 각각의 온도가 몇 ℃인지 구하세요.

 (a) 온도가 −2℃에서 28℃가 떨어졌습니다.

 (b) 온도가 −3℃에서 7℃ 오르고, 다시 6℃가 올랐습니다.

 (c) 온도가 −15℃에서 28℃가 떨어지고, 다시 13℃가 올랐습니다.

 (d) 온도가 −75℃에서 22℃ 오르고, 다시 26℃가 오르고, 14℃ 떨어졌습니다.

37쪽에 도움말이 있습니다.

화성을 탐사하는
탐사선의 모습을 그린 그림

DATA BOX 화성의 온도

탐사선이 화성의 온도에 대한 많은 자료를 모았습니다. 화성의 온도가 가장 높은 때와 가장 낮은 때를 찾아보았습니다.

화성의 최고온도 : 27℃ (여름 한낮의 적도의 온도)
화성의 최저온도 : -133℃* (겨울 밤 북극의 온도)

*영하 133℃를 -133℃라고 씁니다.

땅 표면의 온도와 땅에서 1m 위에서의 온도의 차이도 알아보았습니다. 땅 표면과 땅에서 1m 위의 온도가 때로는 15℃까지 차이가 났습니다.
아래는 화성의 온도 변화를 나타낸 그래프입니다. 빨간선은 땅에서 1m 위의 온도를 나타낸 것이고, 파란선은 땅에서 25cm 위의 온도를 나타낸 것입니다.

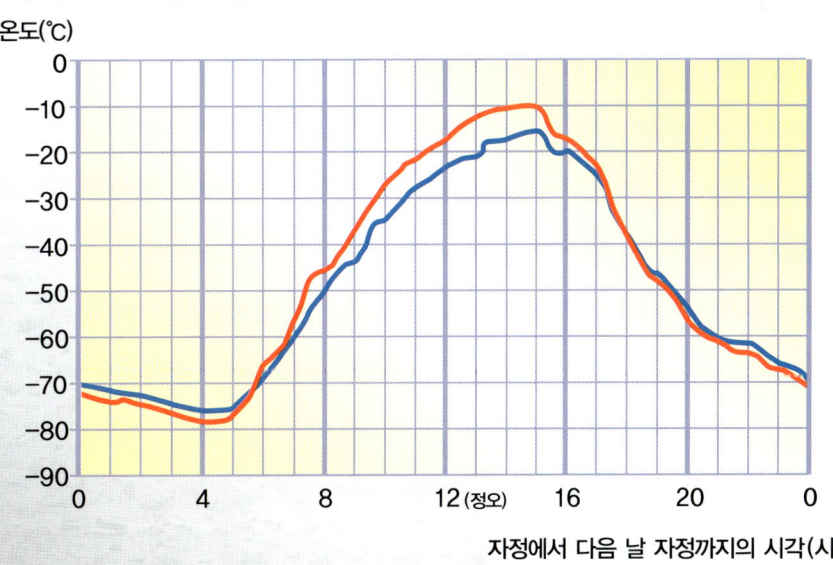

자정에서 다음 날 자정까지의 시각(시)

도전 문제

DATA BOX 의 그래프를 자세히 보고, 다음 문장이 참인지 거짓인지 알아보세요.

(1) 정오에는 땅에서 1m 위의 온도가 땅에서 25cm 위의 온도보다 높습니다.
(2) 오후 6시에는 땅에서 1m 위의 온도와 땅에서 25cm 위의 온도가 같습니다.
(3) 오전 4시에는 땅에서 1m 위의 온도가 땅에서 25cm 위보다 춥습니다.
(4) 최고온도는 약 -12℃입니다.
(5) 최저온도는 약 -77℃입니다.
(6) 오전 2시쯤의 온도가 가장 낮습니다.

STAGE 6 남극 기지

화성이 어느 정도로 추운 곳인지 알았으니 이제 추운 곳에 대한 조사를 하기로 했습니다. 사람이 매우 춥고 깜깜한 환경 속에서 오랜 시간 있으려면 어떻게 해야 하는지 알기 위해, 남극 한가운데로 체험단을 보냈습니다. 그곳은 한겨울에 기온이 영하 85℃까지 떨어지며, 하루에 햇빛이 한 시간도 채 비치지 않아요. 이런 환경 속에서 과연 사람들이 살아갈 수 있을지 궁금하군요. 체험단은 남극 기지에 적응할 수 있을까요? '화성에서 사람이 사는 법'을 알아낼 수 있을까요?

기지는 극지방에서 장기간 조사 활동을 벌일 수 있는 시설입니다.

우주 미션

DATA BOX 에는 남극 기지의 온도와 바람의 속력을 나타내는 표가 있습니다. 표를 보고, 다음 물음에 답하세요.

(1) 다음에 해당하는 달을 알아보세요.
 (a) 평균기온이 가장 낮은 때는 언제인가요?
 (b) 평균기온이 가장 높은 때는 언제인가요?
 (c) 최고기온이 가장 높은 때는 언제인가요?
 (d) 최저기온이 가장 낮은 때는 언제인가요?
 (e) 평균 바람 속력이 가장 빠른 때는 언제인가요?
 (f) 평균 바람 속력이 가장 느린 때는 언제인가요?
 (g) 최고 바람 속력이 가장 빠른 때는 언제인가요?

(2) 다음 달에서 최고기온과 최저기온의 차이를 알아보세요.
 (a) 4월
 (b) 8월
 (c) 6월

(3) 평균 바람 속력에 대해서 알아보세요.
 (a) 4월은 8월보다 몇 m/초나 더 빠른가요?
 (b) 6월은 3월보다 몇 m/초나 더 빠른가요?
 (c) 10월은 2월보다 몇 m/초나 더 빠른가요?

우주선을 닮은 기지

기지는 분리해서 옮길 수 있습니다. 그래서 장비를 시험하기에도 좋고, 미래에 달이나 다른 행성으로 이동하여 쓰기에도 딱 좋습니다.

또한 몇 명의 사람들이 오랜 시간 동안 좁은 공간에서 사는 방법을 연습하기에도 참 좋습니다. 마치 우주선이나 우주 정거장에 온 것처럼 말입니다.

이곳에서 겨울에는 약 16명의 사람이, 여름에는 약 32명의 사람이 일합니다. 그 중에는 과학자 9명과 기술자 4명, 요리사와 보조 요리사, 의사도 포함되어 있습니다.

기지의 구조와 시설물

겨울에는 세 개의 기지 건물 사이에 걸어다닐 수 있는 통로를 연결합니다. 세 개의 건물에서는 각각 어떤 일들을 할까요? 첫 번째 건물에는 잠자는 곳, 실험실, 병원 등 조용한 장소들이 모여 있습니다. 두 번째 건물은 좀 시끄럽습니다. 작업장, 샤워실과 쓰레기 버리는 곳, 회의실, 부엌과 식당이 있기 때문이지요. 마지막 건물 안에는 보일러실, 발전실, 작업장이 있습니다.

DATA BOX 남극 기지의 온도와 바람의 속력

아래의 표는 일 년 동안의 남극 기지의 기온과 바람의 속력을 나타낸 것입니다. 표에서 주황색 줄은 여름을 나타내고, 파랑색 줄은 햇빛이 한 시간도 채 비치지 않는 겨울을 나타냅니다.

월	평균기온(℃)	최고기온(℃)	최저기온(℃)	평균 바람 속력 (m/초)	최고 바람 속력 (m/초)
1	−28.6	−16	−45	3	8
2	−41.8	−17	−57.9	1.8	6
3	−55.7	−29.6	−69	2.4	9
4	−60.7	−44	−71	2.4	9
5	−65.2	−31.2	−80	2.9	12
6	−61	−41.9	−77.9	3.1	11
7	−60.7	−37.8	−73.2	2.6	10
8	−67.8	−46	−80	1.9	7
9	−56.5	−29.6	−75.6	2.5	10
10	−50.6	−31.4	−67.1	2.8	12
11	−38.2	−13.4	−62	2.3	10
12	−31.3	−17	−44.5	2.2	8

도전 문제

연평균 기온이란, 각 월의 평균 기온을 모두 더한 다음에 12로 나눈 것을 말합니다. 1년은 12개월이기 때문입니다.

(1) 연평균 기온을 소수 둘째 자리에서 반올림하여 구하세요.
 (답을 구하기 위해 계산기를 이용해도 됩니다.)

(2) 연평균 바람 속력(m/초)을 반올림하여 소수 첫째 자리까지 구하세요.
 (문제 (1)의 방법을 참고해서 생각하세요.)

 37쪽에 도움말이 있습니다.

STAGE 7 국제 우주 정거장

남극 기지를 통하여 사람이 춥고 어두운 곳에서 긴 시간 동안 적응해서 살아가는 방법에 대해 알아보았어요. 그러나 그것만으로는 사람이 우주에서 적응하는 방법을 알 수 없습니다. 무중력 상태에서 우리 몸이 어떻게 느끼는지, 뼈와 근육이 약해지는 것을 어떻게 예방할 수 있는지 알아보아야 합니다. 진짜 우주 체험은 국제 우주 정거장에서 할 수 있어요. 우주 정거장은 지구 대기권* 밖에 있으며 몇 달씩 살 수도 있는 곳입니다. 나는 그곳으로 가서 우주 생활이 어떤 것인지 직접 체험해 보기로 했습니다.

*대기권 : 지구를 둘러싸고 있는 대기의 범위

우주 미션

DATA BOX 에는 태양과 달, 그리고 태양계 행성에서 달라지는 사람의 몸무게에 대해 나타나 있습니다. 지구에서 몸무게가 50kg인 사람이 다음 장소에서는 몸무게가 어떻게 될까요?

(a) 수성
(b) 금성
(c) 화성
(d) 목성
(e) 토성
(f) 천왕성
(g) 해왕성
(h) 태양
(i) 달

37쪽에 도움말이 있습니다.

불편한 우주 화장실

우주의 화장실에서는 물을 사용하지 않습니다. 우주비행사는 화장실 변기에 자신의 몸을 묶어야 합니다. 버튼을 누르면 강력 환풍기가 작동되면서 흡입구의 구멍이 열립니다. 그리고 공기와 함께 배설물이 깔끔하게 빨려 들어갑니다.

어떤 우주비행사는 화장실을 사용하는 것을 어려워하기도 합니다. 또한 몸 속의 창자가 몸 안에서 떠 있는 느낌에 당황하기도 합니다. 우주에서는 몸 속의 모든 장기와 뼈까지도 하늘로 둥둥 떠오르니까요.

우주 정거장

- 우주 정거장은 우리 머리 위로 400km를 넘는 높이에 떠서 지구 주위를 돕니다.
- 우주 정거장은 한 시간에 28 000km의 속력으로 지구 주위를 돕니다. 이것은 1초에 약 7.8km를 가는 속력입니다.
- 우주 정거장이 지구 주위를 한 바퀴 도는 데는 고작 한 시간 반 밖에 걸리지 않습니다.

DATA BOX 중력

사람의 몸무게는 행성의 중력에 따라 달라집니다.

수성에서의 몸무게는 지구에서의 약 0.34배입니다.
금성에서의 몸무게는 지구에서의 약 0.87배입니다.
화성에서의 몸무게는 지구에서의 약 0.38배입니다.
목성에서의 몸무게는 지구에서의 약 2.63배입니다.
토성에서의 몸무게는 지구에서의 약 1.13배입니다.
천왕성에서의 몸무게는 지구에서의 약 1.06배입니다.
해왕성에서의 몸무게는 지구에서의 약 1.4배입니다.

태양에서의 몸무게는 지구에서의 약 279배입니다.
달에서의 몸무게는 지구에서의 약 0.17배입니다.

우주에서 본 국제 우주 정거장을 그린 그림

도전 문제

우주 정거장은 28000km/시의 속력 (1시간에 28000km를 감.)으로 지구 주위를 돕니다. 얼마나 빠른 속력인지 알 수 있도록 다른 움직이는 물체들과 비교해 봅시다. 계산기를 이용해도 됩니다. 답은 소수 첫째 자리에서 반올림하세요.

사람은 8km/시의 속력으로 걷습니다. 이것은 1시간에 8000m(8000m/시)를 가고, 1분에는 약 133m(133m/분)를, 1초에는 약 2m(2m/초)를 가는 속력입니다. 다음 물음을 보고, 반올림하여 일의 자리까지 나타내세요.

(1) 사람은 12km/시의 속력으로 달립니다. 아래의 단위로 바꿔 보세요.
　　(a) m/시　　(b) m/분　　(c) m/초

(2) 자동차가 도로 위를 108km/시의 속력으로 달립니다. 아래의 단위로 바꿔 보세요.
　　(a) m/시　　(b) m/분　　(c) m/초

(3) 고속열차가 240km/시의 속력으로 달립니다. 아래의 단위로 바꿔 보세요.
　　(a) m/시　　(b) m/분　　(c) m/초

(4) 비행기가 960km/시의 속력으로 날아갑니다. 아래의 단위로 바꿔 보세요.
　　(a) m/시　　(b) m/분　　(c) m/초

(5) 우주 정거장이 28000km/시의 속력으로 날아갑니다. 아래의 단위로 바꿔 보세요.
　　(a) m/시　　(b) m/분　　(c) m/초

 37쪽에 도움말이 있습니다.

STAGE 8 우주 정거장에서의 하루

국제 우주 정거장에서의 생활이 시작되었습니다. 첫 번째로 해야 할 일은 우주 정거장을 관리하는 일입니다. 정리하기, 진공청소기로 먼지 빨아들이기, 필터 청소하기, 필요한 컴퓨터 프로그램을 업그레이드*하기와 같은 일들을요. 두 번째로는 운동을 많이 해야 합니다. 중력이 없거나 약한 곳에서는 근육이 약해지기 쉬우므로 근육 운동을 하여 약해지는 것을 막아야 한답니다. 마지막으로 조사한 내용과 각종 실험 결과를 기록해야 합니다. 국제 우주 정거장에 머무는 6개월 동안 매우 바쁜 날들을 보내게 되겠군요!

*업그레이드 : 프로그램을 지금보다 뛰어난 새 것으로 변경하는 일.

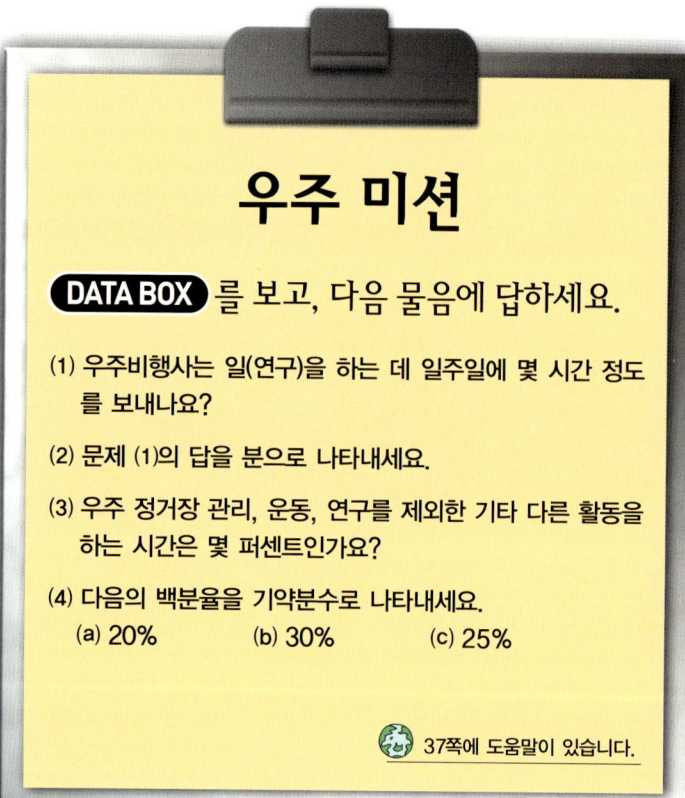

우주 미션

DATA BOX 를 보고, 다음 물음에 답하세요.

(1) 우주비행사는 일(연구)을 하는 데 일주일에 몇 시간 정도를 보내나요?

(2) 문제 (1)의 답을 분으로 나타내세요.

(3) 우주 정거장 관리, 운동, 연구를 제외한 기타 다른 활동을 하는 시간은 몇 퍼센트인가요?

(4) 다음의 백분율을 기약분수로 나타내세요.
　(a) 20%　　(b) 30%　　(c) 25%

37쪽에 도움말이 있습니다.

우주비행사인 세르게이 크리칼레프가 우주 정거장의 운동 기구 위를 달리는 모습

밖으로 나가지 마세요!

우주복을 입지 않고 우주 정거장 밖으로 나간다면 어떤 일이 일어날까요?

- 우주에는 산소가 없기 때문에 의식을 잃을 것입니다. 밖으로 나간다면 15초 만에 의식을 잃게 됩니다. 그리고 곧 죽음으로 이어집니다.
- 우주에는 공기의 압력이 없기 때문에 몸 속의 피와 같은 액체들이 부글부글 끓어오르다 곧바로 얼어버립니다. 이러한 일이 모두 일어나는 데는 30초에서 1분 정도밖에 안 걸립니다.
- 몸 속의 액체가 끓는 것 때문에 피부, 심장과 다른 몸속의 기관들은 팽창합니다.
- 피부는 극심한 온도 변화를 겪습니다. 햇빛이 비칠 때는 120℃까지 올라가고, 어둠 속에서는 -100℃까지 내려갑니다.
- 우주 공간 속에서 나오는 여러 가지 종류의 방사선*이나 태양으로부터 오는 빛과 열기를 그대로 받게 됩니다.
- 빠른 속도로 움직이는 우주 먼지나 운석, 인공위성이나 우주선 조각에 맞을 수도 있습니다.

*방사선 : 방사성 원소의 붕괴에 따라 물체에서 나오는 전자기파

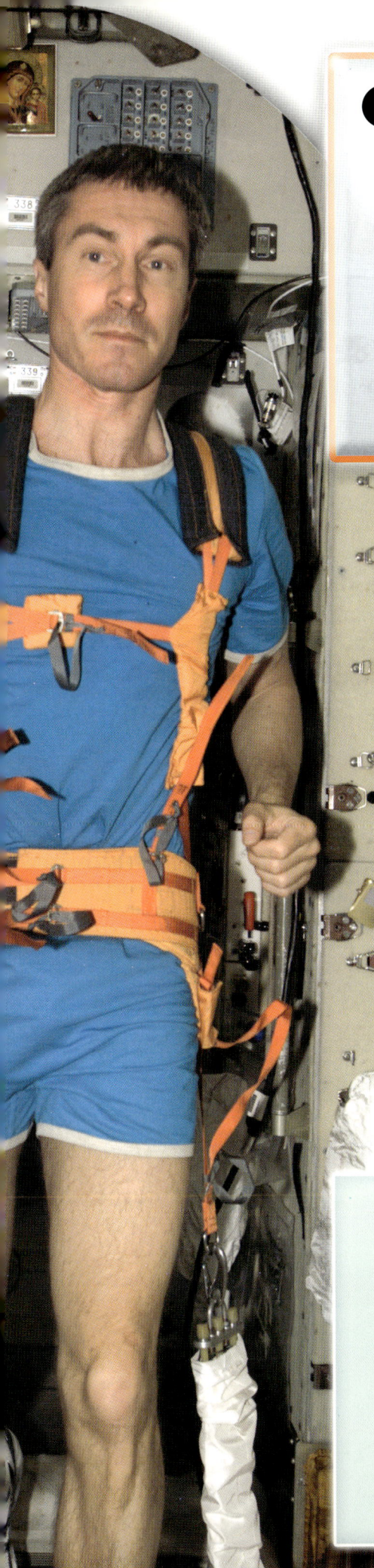

DATA BOX 우주비행사의 하루

우주비행사는 우주 정거장에서도 지구에서 일하는 것처럼 일합니다. 주중에는 하루에 8시간씩, 토요일에는 4시간을 일하고, 일요일에는 쉽니다.

오른쪽은 우주 비행사가 쓰는 시간을 보여 주는 원그래프*입니다.

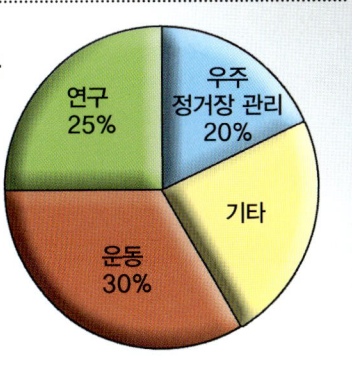

*원그래프 : 원을 각 부분의 양만큼 나누어 나타낸 그래프

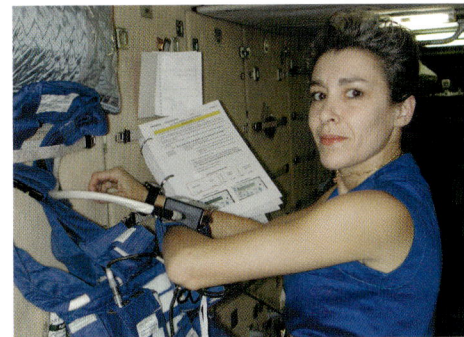

우주 정거장에서 일하는
우주비행사 클로디 예네레의 모습

도전 문제

우주 정거장이 지구를 한 바퀴 도는 데에는 1시간 30분이 걸립니다.
그래서 우주 정거장에 있는 우주비행사에게는 낮이 45분입니다.
반대로 태양 반대편을 날고 있는 45분 동안은 깜깜한 밤입니다.

하루를 24시간으로 하여 다음 물음에 답하세요.

(1) 해가 4시 47분에 떠올랐습니다. 다음으로 해가 떠오르는 것을 보는 시각이 언제인지 3개만 적어 보세요.

(2) 해가 10시 2분에 졌습니다. 다음으로 해가 지는 것을 보는 시각이 언제인지 3개만 적어 보세요.

39쪽 '24시간'을 참고하세요.

STAGE 9 우주 정거장에서의 식사

나는 우주 정거장에 6개월 동안 머무를 계획입니다. 우주에서는 무엇을 먹고 마실지 생각해 본 적이 있나요? 음식은 어디에서 가져올까요? 우주 정거장에는 냉장고도 없어요. 그래서 모든 음식은 캔에 담겨 있거나, 건조식품이거나, 완전히 밀봉 포장되어서 냉장고에 넣지 않아도 되는 것들로만 준비하지요. 일회용 용기에 담겨져 있어서 설거지를 할 필요가 없겠죠? 음료수는 모두 가루로 되어 있어서 마시기 전에 따뜻한 물에 타서 마셔요. 이런 방법으로 우주비행사들이 모여 하루에 3번 식사를 합니다.

우주 미션

DATA BOX 2 에는 하루 동안 먹는 음식의 목록이 적혀 있습니다.
우주에서 임무를 수행하는 60일 동안 식단은 8일마다 반복됩니다.

(1) 우주비행사가 같은 음식을 먹는 날이 언제인지 보여 주는 아래 수열*의 뒷 부분을 완성하세요.

ⓐ [식단 1]을 먹는 날 : 1, 9, 17, 25, …
ⓑ [식단 3]을 먹는 날 : 3, 11, 19, 27, …
ⓒ [식단 6]을 먹는 날 : 6, 14, 22, 30, …
ⓓ [식단 8]을 먹는 날 : 8, 16, 24, 32, …

(2) 우주비행사가 10월 19일에 [식단 1]을 먹었습니다. 같은 식단을 먹는 날은 또 언제인지 차례대로 6개만 적어 보세요.

*수열 : 수의 나열   38쪽 '수의 규칙'을 참고하세요.

우주 정거장을 둥둥 떠다니는 음식

소중한 물

우주 정거장에서는 공기뿐만이 아니라 물도 참 중요합니다. 물은 지구에서 가져옵니다. 우주 정거장 안에서는 많은 양의 물로 몸을 씻을 수가 없기 때문에 매우 아껴 써야 합니다. 사실 대부분의 우주비행사들은 스폰지에 물을 적셔서 몸을 닦습니다. 또한 우주 정거장에서는 버려진 물을 모아서 재활용합니다.

재활용하는 물
- 몸을 씻고 난 물
- 우주비행사와 실험실 동물의 몸에서 나온 물(숨쉴 때 나오는 수분과 소변도 재활용)
- 냉·난방기에 쓰인 물, 우주복 안의 물
- 우주선의 연료에 포함된 물

DATA BOX 1
어떤 식단을 먹을까?

식단은 8일마다 반복됩니다. 우주선에서 지낸 날짜를 8로 나누어 그 나머지에 따라 어느 식단을 먹을지 알 수 있습니다.

나머지가 0일 때 : [식단 8]
나머지가 1일 때 : [식단 1]
나머지가 2일 때 : [식단 2]
나머지가 3일 때 : [식단 3]
나머지가 4일 때 : [식단 4]
나머지가 5일 때 : [식단 5]
나머지가 6일 때 : [식단 6]
나머지가 7일 때 : [식단 7]

DATA BOX 2 우주 정거장에서의 식단

다음은 우주비행사의 하루 식단의 예입니다.
먼저 우주 식량의 종류를 알아볼까요?

가수형 식품 : 물기가 없도록 완전히 건조시킨 식품입니다. 먹기 전에 물을 부어 먹습니다.
멸균 식품 : 음식에 열을 가해서 모든 세균들을 죽인 식품입니다.
중간수분 식품 : 수분을 완전히 뺀 것은 아니지만 수분의 양을 줄여서 포장한 식품입니다.

[식단 1]
아침
치즈와 땅콩 (가수형 식품)
복숭아 오트밀 (가수형 식품)
건포도가 들어간 후식 (중간수분 식품)
설탕이 들어간 커피

점심
구운 닭고기 (멸균 식품)
버터 밥 (멸균 식품)
시금치 (가수형 식품)
파인애플 (멸균 식품)
포도 주스

저녁
닭고기 화히타 (멸균 식품)
토르티아
스위트콘 (멸균 식품)
양념한 사과 (멸균 식품)
브라우니
복숭아 살구 주스

야식
말린 배 (중간수분 식품)
땅콩
오렌지 파인애플 주스

도전 문제

위의 DATA BOX 1 을 보세요.
우주선 안에서 지내는 다음 날에는 어떤 식단을 먹게 될까요?

(a) 50일째   (b) 36일째
(c) 23일째   (d) 53일째
(e) 59일째

STAGE 10 화성 탐험

지금까지 화성호, 남극 기지, 국제 우주 정거장에서 보내오는 자료를 모두 모았습니다. 이제 화성에서의 임무를 수행할 차례입니다. 화성 탐험은 약 2년간 이루어질 것이기 때문에 계획을 잘 세워야 해요. 우주선만으로는 충분한 양의 식량과 물, 공기를 실어 나를 수 없기 때문에 2년간 공기와 물을 재활용해서 사용하는 방법과 식량을 자급자족*하는 방법을 찾아야 합니다. 우리는 새로운 행성에 첫발을 내딛는 사람이 될 것입니다. 6억 km나 떨어진 우주 속으로 나갔다가 안전하게 되돌아오는 인류 역사상 길이 남을 성과지요!

*자급자족 : 필요한 물자를 스스로 생산하여 충당함

우주 미션

2030년입니다. 처음으로 우주비행사가 화성에 착륙하였습니다. 신문에서는 화성에서 일어나는 모든 일들을 보도하고 있습니다.
각각의 일들이 일어날 가능성이 얼마나 되는지 살펴봅시다.

ⓐ 붉은 치즈로 이루어진 화성을 발견함	불가능함
ⓑ 정확한 지점에 착륙함	자주 일어남
ⓒ 화성에서 물을 발견함	절반의 가능성
ⓓ 착륙하다 우주선이 충격을 입음	드물게 일어남
ⓔ 우주비행사의 몸이 부어서 밖으로 나갈 수 없음	매우 드물게 일어남
ⓕ 우주비행사가 화성에 도착한 첫 번째 사람이 됨	확실함
ⓖ 화성에서 살아 있는 생물을 만남	드물게 일어남
ⓗ 우주선이 지구로 돌아오지 못함	매우 드물게 일어남

가능성에 따라 '불가능함'부터 '확실함'까지 아래 직선으로 나타냈습니다. 각각의 일이 직선의 어느 위치에 있으면 좋을지 표시해 보세요.

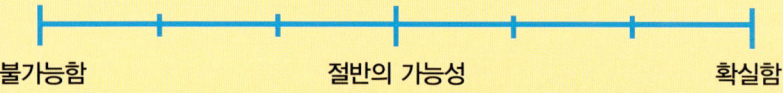

37쪽에 도움말이 있습니다.

화성에 도착한 모습을 그린 그림

DATA BOX 화성의 암석 수집

나사*에서는 화성에서 해야 할 몇 가지 임무에 대한 계획을 세웠습니다. 그 중에 가장 흥미로운 것은 화성의 암석 일부를 지구로 가져오는 일입니다. 이것은 앞으로 10~15년 후에도 계속될 예정입니다. 화성에서 지구로 가져온 암석은 과학자들이 자세히 연구하게 됩니다.

화성호는 각기 다른 네 장소에서 암석을 수집하였습니다. 이것은 지구로 가져와서 전 세계의 우주 기구로 보내져 깊이 있게 연구될 것입니다. 아래의 표는 각각의 장소에서 몇 개의 암석을 수집하였으며, 그 암석을 어디로 보낼지 정리한 표입니다.

*나사(NASA) : 미국항공우주국

	1지역(개)	2지역(개)	3지역(개)	4지역(개)
나사	3	5	7	2
유럽 우주 기구	0	2	3	1
일본 우주 항공 연구 개발 기구	4	1	3	2
러시아 항공 우주 기구	3	4	4	1
인도 우주 연구 기구	1	1	1	0

도전 문제

DATA BOX 에 있는 표를 보고, 다음 물음에 답하세요.

(1) 나사로 보낼 암석은 모두 몇 개인가요?
(2) 2지역에서 수집한 암석은 모두 몇 개인가요?
(3) 어떤 지역에서 가장 많은 암석을 수집하였나요?
(4) 러시아로 보낼 암석은 인도로 보낼 암석보다 몇 개가 더 많은가요?
(5) 수집한 암석은 모두 몇 개인가요?

STAGE 11 우주비행사가 되려면

아직까지는 화성에 발을 디딘 사람이 없지만 언젠가는 꼭 생길 것입니다. 내가 다른 행성에 도착하는 첫 번째 우주비행사가 될 수 있을까요? 우주로 가고 싶어 하는 경쟁자들은 참 많습니다. 만일 내가 선택된다면, 우주에서 우리 별 지구를 볼 수 있을 것이고, 몸이 둥둥 떠오르는 재미난 경험을 하게 될 것입니다. 하지만 다시 지구로 돌아오면 지구의 중력에 빨리 적응해야 합니다. 어떤 우주비행사는 무중력 상태에 너무 익숙해진 나머지 지구에서도 손에 들고 있는 컵을 그냥 놔버렸대요. 그리고는 땅에 떨어져 깨지는 것을 보고 깜짝 놀랐다고 합니다.

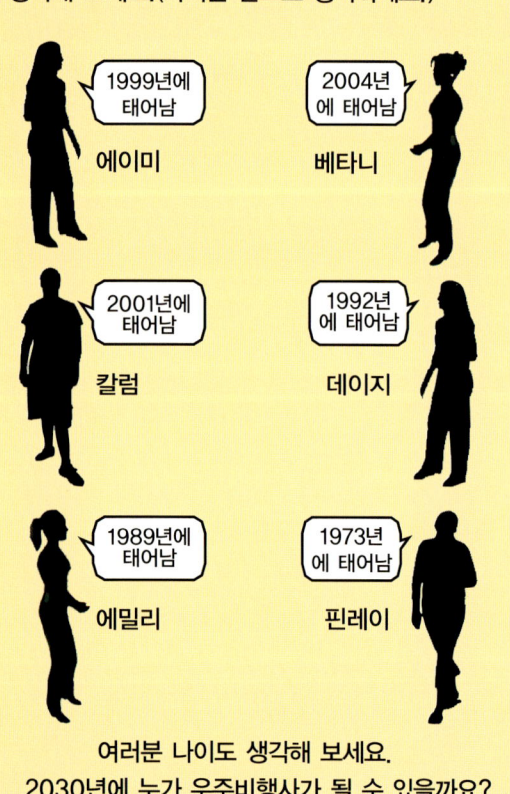

우주 미션

2030년이면 사람들은 화성 위를 걸어 다닐 수 있을 것이라고 예측합니다. 우주비행사들의 나이는 대부분 28살에서 40세 사이입니다.

2030년에 우주비행사가 되기에 적당한 사람은 누구일지 생각해 보세요. (나이는 만으로 생각하세요.)

- 1999년에 태어남 — 에이미
- 2004년에 태어남 — 베타니
- 2001년에 태어남 — 칼럼
- 1992년에 태어남 — 데이지
- 1989년에 태어남 — 에밀리
- 1973년에 태어남 — 핀레이

여러분 나이도 생각해 보세요. 2030년에 누가 우주비행사가 될 수 있을까요?

우주복의 조건

우주복이 우리 몸을 지켜주기 위한 조건을 알아봅시다.

- 대기와 같은 기압을 갖고 있어야 합니다.
- 산소를 공급하고, 이산화탄소를 제거할 수 있어야 합니다.
- 많이 움직이거나 태양빛 아래에 있을 때에도 편안한 온도를 유지해 주어야 합니다.
- 유성과 방사선으로부터 몸을 보호할 수 있어야 합니다.
- 우주복 밖이 잘 보여야 합니다.
- 우주복을 입고도 몸을 잘 움직일 수 있도록 만들어야 합니다.
- 지구의 관제탑에 있는 사람이나 다른 우주비행사와 이야기할 수 있도록 만들어야 합니다.

물이 우주복 주위를 돌아서 외부의 열로부터 비행사를 보호해 줍니다. 펌프가 물을 계속 흐르도록 하기 때문입니다.

우주비행사의 조건

사실 우주비행사가 되는 것은 쉽지 않습니다. 당신이 쉬운 일만 하기를 원한다면, 절대 우주비행사가 되어서는 안 됩니다. 그렇다면 우주비행사가 되기 위해 무엇이 필요할까요?

- 우주비행사와 관련된 전공 공부를 해야 합니다. 대부분의 우주비행사들은 공군의 파일럿입니다. 또는 물리학이나 의약, 기계에 대해 공부한 사람입니다.

- 우주비행사가 되는 것은 매우 어려운 일이기 때문에 건강하고 체력이 좋아야 합니다.

- 영어를 잘 해야 합니다. 우주비행사는 전 세계를 돌아다니며, 영어로 다른 사람과 의사소통을 할 수 있어야 하기 때문입니다.

- 매우 좁은 곳에서 오랫동안 일해야 하므로, 다른 사람과 잘 지낼 수 있어야 합니다.

- 우주비행사 후보로 뽑히게 되면, 수백 또는 수천 시간 동안 우주비행에 필요한 훈련을 받게 됩니다.

도전 문제

유리 가가린은 1961년에 최초로 우주인이 되었습니다. 2030년에 처음으로 화성에 도착하는 사람이 생긴다면, 두 사건 사이에는 얼마의 시간이 흐른 것인가요?

(a) 년 단위로 답하세요.
(b) 몇 달의 차이인가요?
(c) 약 몇 주의 차이가 날까요? (1년은 약 52주입니다.)
(d) 날짜로는 약 며칠일까요? (1년은 약 365일입니다.)

 37쪽에 도움말이 있습니다.

마무리 도전 문제

문제 1 지구에서 태양까지 KTX를 타고 가면 약 57년, 걸어가면 약 3258년이 걸린다고 합니다. 어마하게 빠른 속도로 움직이는 빛도 태양까지 가는 데 약 8분 20초나 걸린다고 합니다. 다음은 태양과 지구 사이의 거리를 1로 보았을 때, 태양과 각 행성 사이의 거리입니다. 표를 채워 보세요.

행성	태양과의 거리 (AU)*	태양의 빛이 행성에 닿는 데 걸리는 시간
금성	0.7	
지구	1	8분 20초
화성	1.5	
토성	9.5	
천왕성	19.2	

＊AU : 천문 단위, 1AU=149600000km

문제 2 우주는 무중력 상태라고 하지요? 우리는 번지점프나 놀이기구로 우주의 무중력 상태와 비슷한 경험을 할 수 있습니다.

(1) 70m 높이에서 떨어지는 놀이기구는 3초만에 떨어집니다. 3초 동안 무중력 상태를 느낄 수 있는 것입니다. 놀이기구가 떨어지는 속력이 일정하다고 할 때, 24초 동안 무중력을 체험하려면 이 놀이기구의 높이를 대략 몇 m로 만들어야 할까요?

(2) 어른 한 명이 번지점프를 할 때 떨어지는 속력이 60m/초라고 합니다. 25초 동안 떨어졌다면, 번지점프를 한 높이는 몇 m일까요?

(3) 문제 (2)에서 나온 번지점프가 얼마나 엄청난 높이인지 실감할 수 있도록 건물 층수로 어림해 봅시다. 건물 한 층의 높이가 4m라고 할 때, 몇 층의 높이인가요?

[문제3~문제4] 행성마다 또 어떤 특징들이 있는지 좀더 알아볼까요?

행성	구성 물질	자전 속도	고리	위성*	특징
수성	암석	10.892km/시	없음	없음	대기가 거의 없어 표면에 크레이터가 많습니다.
금성	용암, 암석	6520m/시	없음	없음	태양계에서 가장 높은 온도를 가진 행성입니다.
지구	물, 토양, 암석…	465.11km/초	없음	1개	생명체가 살기 적합한 환경입니다.
화성	암석, 드라이아이스로 된 극관	868.22km/시	없음	2개	지구와 같이 4계절이 있습니다.
목성	가스	12.6km/초	있음	112개 이상	태양계 행성에서 가장 큰 행성입니다.
토성	가스	9.87km/초	있음	61개 이상	태양계 행성 중에서 목성 다음으로 큽니다.
천왕성	가스	2590m/초	있음	21개 이상	대기 성분 중 메탄이 있어서 파랗게 보입니다.
해왕성	가스	2680000mm/초	있음	11개 이상	천왕성보다 태양에서 멀리 떨어져 있지만 스스로 열을 내기 때문에 천왕성과 온도가 비슷합니다.

* 위성 : 행성 주위를 돌고 있는 것을 말합니다. 지구 주위를 도는 '달'은 지구의 위성이랍니다.

문제 3 자전이란 행성이 자신의 축을 중심으로 한 바퀴 도는 것을 말합니다. 우리가 살고 있는 지구는 하루에 한 바퀴씩 돌고 있지요. 자전 속도가 더 빠른 행성을 골라 쓰세요.(단위를 조심하세요. 'km/시'란 1시간에 몇 km를 갈 수 있는지를 말하고, 1시간은 3600초입니다.)

(1) 수성과 금성　　　　　　　(2) 천왕성과 해왕성

문제 4 행성을 아래와 같이 분류해 보았습니다. 분류 기준을 2가지 설명해 보세요.

분류 기준 1 _____

분류 기준 2 _____

성공을 위한 팁

STAGE 1 12-13쪽

[우주 미션]

두 수 사이의 차를 구하는 것은 큰 수에서 작은 수를 빼면 됩니다. 각 자리에 맞추어 수를 쓰고, 일의 자리부터 차례로 계산합니다.

```
   5 12 16 10
   6̶ 3̶ 7̶ 3̶
 - 3 3 9 7
 ─────────
   2 9 7 6
```

[도전 문제]

1500000-800000 은 150만-80만으로 간편하게 써서 계산할 수도 있습니다.

STAGE 2 14-15쪽

[우주 미션]

아래의 달력을 이용하여 답을 구합니다.
일주일이 7일이므로 14주는 98일입니다.

9월								1월							
					1	2	3	1	2	3	4	5	6	7	
4	5	6	7	8	9	10		8	9	10	11	12	13	14	
11	12	13	14	15	16	17		15	16	17	18	19	20	21	
18	19	20	21	22	23	24		22	23	24	25	26	27	28	
25	26	27	28	29	30			29	30	31					

10월								2월							
						1					1	2	3	4	
2	3	4	5	6	7	8		5	6	7	8	9	10	11	
9	10	11	12	13	14	15		12	13	14	15	16	17	18	
16	17	18	19	20	21	22		19	20	21	22	23	24	25	
23	24	25	26	27	28	29		26	27	28	29				
30	31														

11월								3월							
		1	2	3	4	5						1	2	3	
6	7	8	9	10	11	12		4	5	6	7	8	9	10	
13	14	15	16	17	18	19		11	12	13	14	15	16	17	
20	21	22	23	24	25	26		18	19	20	21	22	23	24	
27	28	29	30					25	26	27	28	29	30	31	

12월						
				1	2	3
4	5	6	7	8	9	10
11	12	13	14	15	16	17
18	19	20	21	22	23	24
25	26	27	28	29	30	31

2011년 9월부터 2012년 3월까지의 달력입니다.

STAGE 3 16-17쪽

[우주 미션]

시간: 1시간은 60분, 1분은 60초입니다.
수열에서 다음에 오는 수를 찾을 때에는 처음 수와 그 다음 수 사이의 규칙을 알아봅니다.

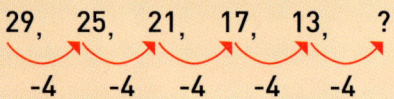

29, 25, 21, 17, 13, ?
 -4 -4 -4 -4 -4

STAGE 4 18-19쪽

[우주 미션]

수직선을 읽을 때에는
- 1단계: 먼저 서로 가까이 있는 두 수를 고르고, 그 두 수 사이의 차를 구합니다.
- 2단계: 두 수 사이에 작은 눈금이 몇 개인지 세어 봅니다.
- 3단계: 두 수 사이의 차를 작은 눈금의 개수로 나누어 주면 작은 눈금의 간격이 얼마인지 알 수 있습니다.

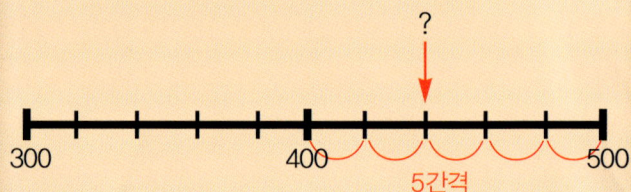

작은 눈금 한 칸은 20을 나타내므로 화살표가 있는 곳의 눈금은 440(400+20+20)입니다.

[도전 문제]

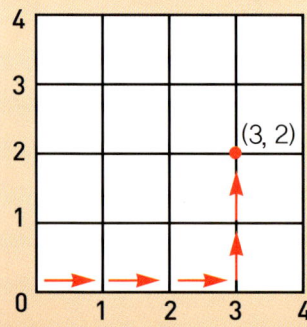

좌표 이용하기

모눈종이에 있는 점의 좌표를 구하기 위해서는 첫 번째 수만큼 가로로 옮겨가고 두 번째 수만큼 세로로 올라가면 됩니다.
예를 들어 (3, 2)는 오른쪽으로 3칸 옮겨가서 2칸 올라갑니다.

 38쪽 '좌표 사이의 거리'를 참고하세요.

STAGE 5 20-21쪽

[우주 미션]

온도: 온도는 뜨겁거나 차가운 정도를 나타내는 것입니다. 보통 섭씨로 측정하며 기호로는 ℃와 같이 씁니다.

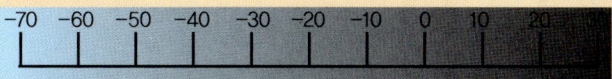

기온이 올라가면 수직선의 오른쪽으로 이동하고, 기온이 내려가면 수직선의 왼쪽으로 이동합니다.

STAGE 6 22-23쪽

[도전 문제]

반올림: 구하려는 자리의 한 자리 아래의 숫자가 5, 6, 7, 8, 9일 때는 올림을 하고, 0, 1, 2, 3, 4일 때에는 버림을 합니다.

39쪽 '온도와 기온'을 참고하세요.

STAGE 7 24-25쪽

[우주 미션]

50을 곱한 수를 찾을 때에는 곱해야 할 수에 먼저 100을 곱한 후 반으로 나누면 됩니다. 100을 곱하면 처음 수가 두 자리 왼쪽으로 이동하게 됩니다. 두 자리 이동한 뒷자리에는 0을 붙입니다.
예를 들어, 0.8×50을 봅시다.

0.8×100=80
80÷2=40
0.8×50=40

[도전 문제]

km/시를 m/시로 단위를 바꿀 때에는 1000을 곱해 주면 됩니다.
m/시를 m/분으로 단위를 바꿀 때에는 60으로 나누어 줍니다.
m/분을 m/초로 단위를 바꿀 때에는 60으로 나누어 줍니다.

39쪽 '속력의 단위'를 참고하세요.

STAGE 8 26-27쪽

[우주 미션]

백분율: 백분율(%)은 분수의 다른 형태의 표현입니다. 이것은 100 중의 얼마라고 말합니다. 따라서 50%를 $\frac{50}{100}$으로 나타낼 수 있습니다.

분수: 가장 간단한 분수(기약분수)는 분자와 분모를 더 이상 약분할 수 없습니다.
$\frac{50}{100}$을 기약분수로 나타내면 $\frac{\overset{1}{50}}{\underset{2}{100}}=\frac{1}{2}$ 입니다.

STAGE 10 30-31쪽

[우주 미션]

확률선: 확률을 수직선에 나타내는 것입니다. 직선 위의 ×로 어떤 사건이 일어날 가능성이 얼마인지 보여줍니다.

0 ─┼─┼─┼─┼─×─ 1
불가능함   매우 자주 일어남.   확실함

STAGE 11 32-33쪽

[도전 문제]

연수를 개월 수로 고칠 때에는 1년이 12개월임을 이용하여 연수에 12를 곱합니다.
12를 곱하는 것은 다음과 같이 10을 곱한 값과 2를 곱한 값을 더해서 구할 수 있습니다.

47×12의 계산

47×12=564
47×10=470
47×2=94

이해를 돕는 개념 설명

수의 규칙

7, 14, 21, 28, … 은 7씩 커지는 규칙을 가지고 있습니다.
2부터 10씩 커지는 규칙으로 수를 나열하면 2, 12, 22, 32, …입니다.

위와 같은 그림의 규칙을 구하기 위해 그림을 수로 바꾸어 규칙을 알아보면 편리합니다. 1, 1, 1, 2, 1, 3, 1, 4, …와 같이 수로 나타내어 생각해 봅니다. 파란색 원 사이에 있는 흰색 원의 개수가 1개씩 늘어나고 있습니다.

구

반원의 지름을 회전축으로 하여 1회전 한 회전체를 구라고 합니다.
반원의 중심이 구의 중심이 되며, 구의 중심으로부터 구의 경계에 있는 한 점을 이은 거리를 구의 반지름이라고 합니다. 구의 반지름 역시 원의 반지름처럼 무수히 많습니다.

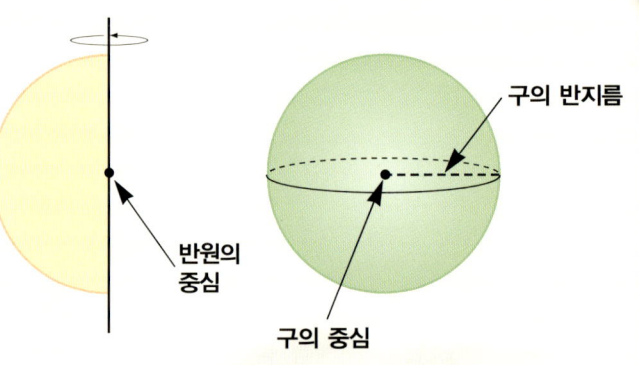

반지름이 4cm인 구와, 지름이 10cm인 구가 있다고 생각해 봅시다. 둘 중 어느 것이 더 클까요? 반지름이 4cm인 구는 지름이 8cm인 구이므로 지름이 10cm인 구가 더 큽니다.

좌표 사이의 거리

(4, 5)는 (0, 0)의 위치에서 오른쪽으로 4칸, 위쪽으로 5칸 간 곳을 의미합니다. 같은 방법으로 (4, 5)는 (4, 1)로부터 얼마나 떨어져 있을까요? 오른쪽으로 똑같이 갔지만 위쪽으로는 5-1=4(칸)만큼 차이가 납니다. 한 칸의 모서리의 길이가 1km라면 (4, 5)는 (4, 1)에서 위쪽으로 4km 떨어진 거리에 있는 것입니다.

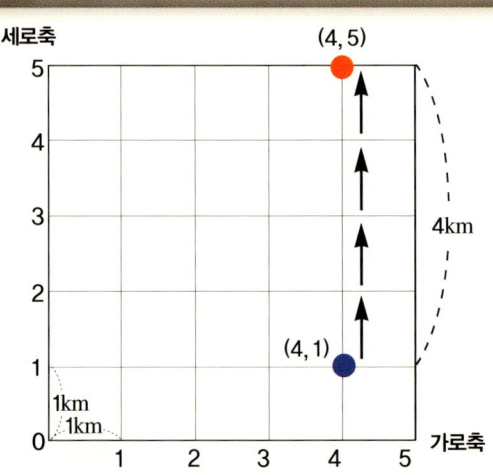

24시간

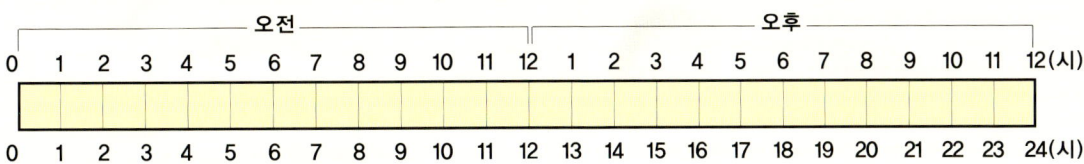

하루는 24시간입니다. 해가 오전 6시 35분에 뜨고, 오후 6시 44분에 졌다면 이때의 낮의 길이는 12시간 9분입니다. 18시 44분에서 6시 35분을 빼서 구한 것입니다. 또, 하루는 24시간이므로 밤의 길이도 구할 수 있습니다.

낮의 길이	밤의 길이
18시 44분	23 60
− 6시 35분	2̸4̸시
12시간 9분	− 12시 9분
	11시간 51분

속력의 단위

한 시간 동안 몇 km를 달린 속력의 단위는 km/시로 씁니다. $\frac{(거리)}{(시간)}$의 형태로 속력의 단위를 씁니다. '1km = 1000m'와 '1시간 = 60분 = 3600초'를 이용하여 단위를 바꿀 수 있습니다.

예를 들어, 45km/시의 단위를 아래와 같이 바꿀 수 있습니다.

$$\frac{45\text{km}}{1\text{시간}} = \frac{45000\text{m}}{60\text{분}} = \frac{45000\text{m}}{3600\text{초}}$$

↓ ↓ ↓

45km/시 750m/분 12.5m/초

온도와 기온

온도계를 통해 알 수 있는 물체의 차고 따뜻한 정도를 온도라고 하며, −20℃는 10℃보다 30℃ 낮은 온도입니다. 기온은 대기의 온도로 보통 지표면으로부터 1.5m 정도의 높이에 있는 대기의 온도를 말합니다. 하루 중 가장 높은 기온을 일최고기온, 하루 중 가장 낮은 기온을 일최저기온, 또 하루 동안의 온도를 조사해 그 평균을 낸 기온을 일평균기온이라고 합니다.

미션 10 체험! 종합병원 응급실

STAGE 1 응급 상황 발생!

STAGE 2 응급 환자가 도착하면

STAGE 3 간호사가 하는 일

STAGE 4 심장 박동과 혈압

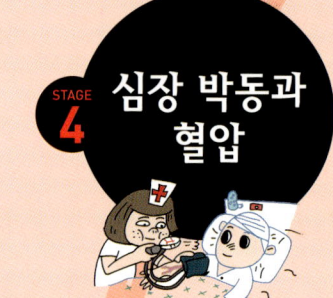

이런 내용들을 공부해요

계산
암산을 하거나 종이에 적어서 계산하며, 덧셈, 뺄셈, 곱셈, 나눗셈을 연습할 것입니다.

수
- 수 비교하기, 수의 순서 : 46, 47, 50, 51, 53쪽
- 어림하기 : 57쪽
- 분수 : 59, 61, 65쪽
- 수열 : 56쪽
- 반올림하기 : 49쪽

생활 속 문제 해결
- 날짜 : 46, 47쪽
- 방향 : 44쪽
- 거리 : 44쪽
- 지도 : 45쪽
- 질량, 무게 : 58, 59쪽
- 온도 : 52, 53쪽

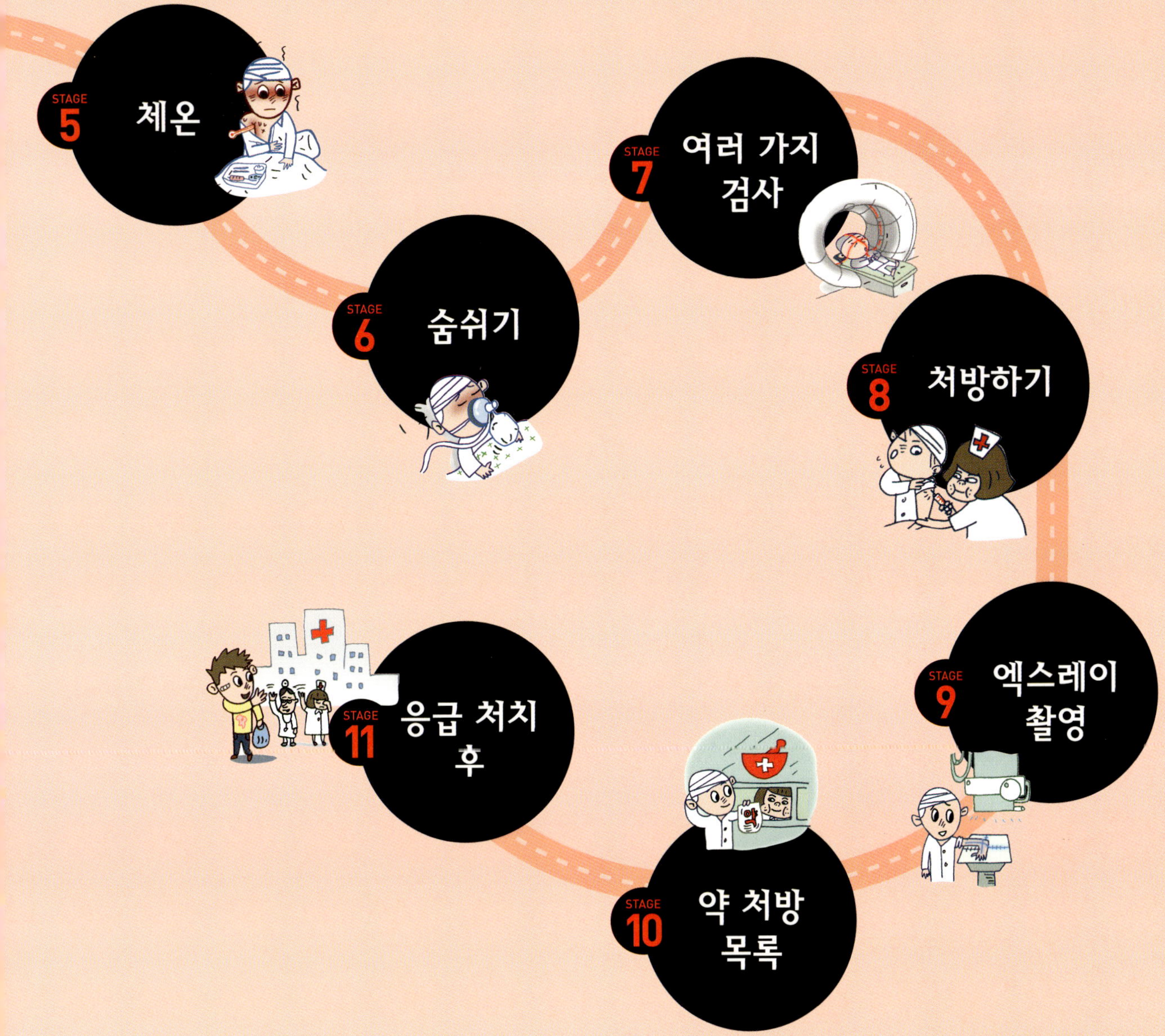

- STAGE 5 체온
- STAGE 6 숨쉬기
- STAGE 7 여러 가지 검사
- STAGE 8 처방하기
- STAGE 9 엑스레이 촬영
- STAGE 10 약 처방 목록
- STAGE 11 응급 처치 후

- 시간 : 51, 52, 62, 63쪽

자료 다루기
- 그림그래프 : 48, 49쪽
- 그래프 : 52, 53, 54, 55쪽
- 공식 : 58, 59쪽

측정
- 단위 변환 : 44쪽

도형과 공간
- 평면도형 : 60쪽
- 각도 : 60쪽
- 선대칭 : 60쪽

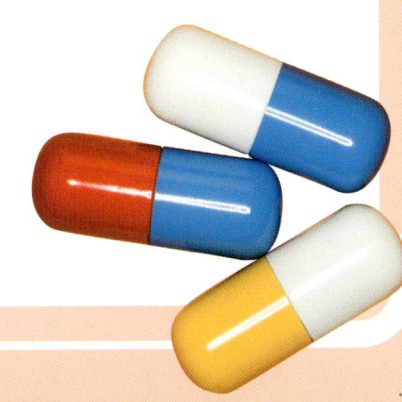

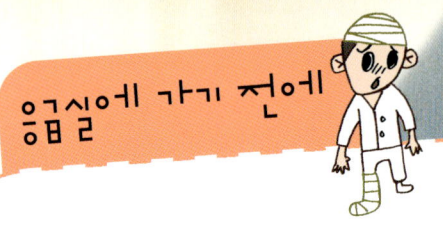

응급실에 가기 전에

앗! 병원이다.

내가 왜 이렇게 떨고 있냐고요? 난 주사가 정말 싫거든요. 으~ 따끔한 그 느낌! 생각만 해도 온 몸에 소름이 돋아요.

찔려도 아프지 않은 주사 바늘만 있었으면 좋겠어요. 그렇죠?

그런 건 꿈속에서나 있는 바늘이라고요?

아니에요, 정말 있습니다!

모기에게 물려 봤죠? 모기가 피를 빨아 먹으려고 길쭉한 주둥이를 피부에 꽂잖아요. 그런데 하나도 아프지 않아요!

찔려도 아프지 않는 비법을 알아내기 위해 한 연구팀이 모기 주둥이를 연구했습니다. 고성능 현미경으로 보니, **모기 주둥이**가 조그만 톱니 모양으로 되어 있었다는 거예요. 그래서 모기가 우리 피부를 찌를 때, 들쭉날쭉한 주둥이의 끝부분만 피부에 살짝 닿게 되는 거지요. 결국 피부에 닿는 부분이 아주 적어서 아픈 걸 못 느끼게 되는 거랍니다.

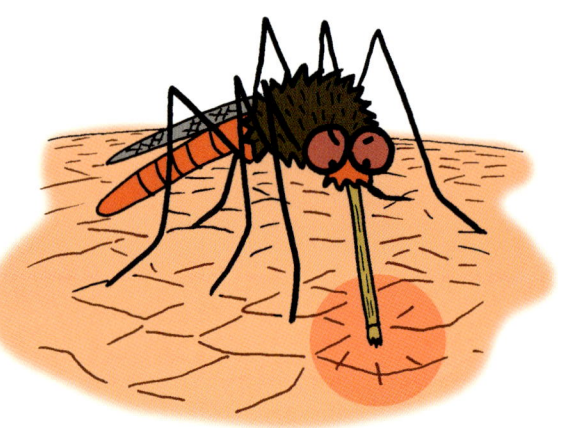 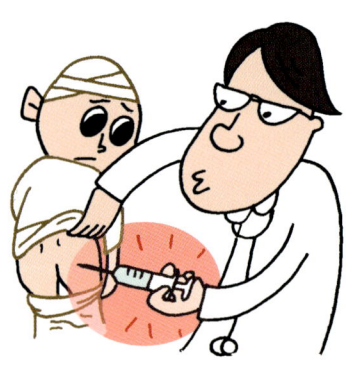

연구팀은 많은 실험 끝에 결국 모기 주둥이 모양으로 생긴 주사 바늘을 만들었습니다. 금속이 휘어지거나 우리 몸에 박힌 채로 부러지면 큰일이기 때문에 주사 바늘은 금속 대신에 저절로 녹아 없어지는 재료를 사용하여 만들었지요. 이 바늘의 두께는 0.1~0.2mm입니다. 처음 이 바늘을 개발한 사람은 바늘이 완성되자마자 제일 먼저 자신의 손바닥을 찔렀죠. 그리고는 "아프지 않다!"라고 소리를 질렀대요.

여러분은 혹시 몸이 아플 때 왜 열이 나는지 알고 있나요?
이는 대부분 우리 몸이 스스로를 보호하기 위해 열을 내는 것입니다. 우리 몸을 아프게 하는 바이러스는 사람의 체온에서 살기를 좋아해요. 그래서 바이러스가 들어오면, 우리 몸은 평소보다 체온을 더 높여 병균을 쫓아내거나 죽이려고 합니다. 열이 난다는 것은 우리 몸이 병균에 맞서 열심히 싸우고 있다는 증거인 셈이지요.

하지만 체온이 너무 높게 올라가면, 바이러스뿐만이 아니라 우리 몸 자신도 제 기능을 잃어버릴 수가 있습니다. 그렇기 때문에 약이나 다른 방법을 이용해서 열을 낮춰야 해요. 그래서 병원에 가서 열이 나는 원인을 찾고, 원인에 맞게 처방을 받게 되지요.

그런데 갑자기 몸에서 열이 심하게 나는데, 병원이 문을 닫는 한밤중이라면 어떻게 하죠?

갑자기 사고를 당해서 뼈가 부러졌거나 피가 많이 날 때. 심하게는 의식을 잃게 되었다면?
한시라도 빨리 치료하지 않으면 큰일이 나겠지요?
그래서 병원 응급실이 있습니다.

지금부터 여러분은 응급실을 둘러볼 거예요. 어떤 환자들이 응급실을 찾을까요? 응급실에서는 어떤 일이 일어날까요? 결코 시간을 늦춰서는 안 됩니다! 어서 따라오세요!

STAGE 1 응급 상황 발생!

병원 응급실의 의사와 간호사는 여러 가지 상황을 맞게 됩니다. 사고를 당한 사람, 갑자기 쓰러진 사람, 숨을 쉬지 못하는 사람 등 여러 환자들이 실려 오지요. 이때 응급실 의사는 각 환자들을 어떻게 치료해 주어야 할지 알고 있어야 합니다. 또 어떤 환자는 직접 찾아오지만, 어떤 환자는 전화로 구급차를 부르는 사람도 있습니다. 구급차에 탄 구급대원은 환자에게 응급 처치를 하고 가장 가까운 병원으로 옮깁니다. 환자의 상태가 심각한 경우에는 병원에 전화해서 도움을 구하기도 해요.

응급실 일지

DATA BOX의 지도를 보고, 구급차가 병원을 나와서 사고가 난 지점까지 가는 가장 짧은 길을 알아보세요. 구급대원도 각 교차로에서 왼쪽으로 돌아야 할지, 오른쪽으로 돌아야 할지 정확히 알고 있어야 합니다.

(1) (a) 왼쪽으로 몇 번 도나요?
    (b) 오른쪽으로 몇 번 도나요?
(2) 신호등이 없는 길만 골라서 가기로 했습니다.
    (a) 왼쪽으로 몇 번 도나요?
    (b) 오른쪽으로 몇 번 도나요?
(3) 신호등과 과속 방지턱을 모두 피해서 가려고 합니다.
    (a) 왼쪽으로 몇 번 도나요?
    (b) 오른쪽으로 몇 번 도나요?

도전 문제

DATA BOX를 보세요. 한 칸은 100m를 나타냅니다.

(1) 사고가 난 지점부터 병원까지 돌아오는 가장 짧은 길은 몇 m입니까? km 단위로도 답하세요.
(2) 문제(1)의 답을 마일 단위로 답하세요. 1마일은 1.6km입니다.

68쪽에 도움말이 있습니다.

구급차 운전하기

비상시에 구급차는 번쩍번쩍 등을 켜고 사이렌을 울리며 달립니다. 이는 길을 건너는 사람들에게 조심하라고 일러주고, 도로를 달리고 있는 다른 자동차들에게 비켜달라고 요청하는 것입니다.
구급차 운전법을 배우는 데는 3주 정도 걸립니다. 3주간의 훈련이 끝난 뒤에는 운전 실력에 대한 시험을 봅니다.

DATA BOX 구급차가 달려간 길

사고가 난 지점

과속 방지턱

신호등

병원

구급차

지도의 눈금 한 칸의 길이 ———: 100m

구급차를 운전하는 구급대원은 병원으로 가는 길을 정확히 알고 있어야 합니다. 응급 처치를 한 다음에 최대한 빨리 환자를 병원으로 옮겨야 하기 때문입니다.

구급대원들은 바퀴 달린 들것을 이용합니다. 바퀴가 있어서 환자를 고정시킨 채로 옮기기가 편리합니다.

응급 처치

구급대원은 병원에 도착하기 전에 환자에게 응급 처치를 합니다. 환자를 위한 응급 처치 방법을 몇 가지 살펴볼까요?

- 팔을 다쳤을 때 : 다친 팔에 붕대를 묶습니다.

- 다리를 다쳤을 때 : 다리가 움직이지 않도록 다리에 부목(고정시키는 나무)을 댑니다.

- 상처가 났을 때 : 상처를 붕대로 덮습니다.

- 피가 많이 날 때 : 상처를 덮고 붕대를 강하게 묶습니다. 다친 곳을 높게 들어 올리면, 피를 적게 흘립니다.

- 고통이 심할 때 : 고통을 멈추게 하는 가스를 호흡하게 합니다.

- 의식이 없을 때 : 환자를 옆으로 누이고 머리를 가볍게 듭니다. 이 자세는 의식이 없는 상태에서 질식하는 것을 막아 줍니다.

- 등이나 목을 다쳤을 때 : 환자에게 스폰지를 대고, 들것에 묶어 고정합니다. 이것은 이송 도중 환자의 목과 척추를 보호해 줍니다.

STAGE 2 응급 환자가 도착하면

환자가 응급실에 도착하면, 보통 가장 먼저 간호사를 만나게 됩니다. 간호사가 환자의 개인 정보를 기록하지요. 병원에서는 환자의 이름, 주소, 생년월일, 치료 기록 등이 필요하거든요. 간호사는 환자의 다친 부분을 살핍니다. 그리고 환자의 상태에 따라 위급한 정도를 판단하지요. 응급실에서는 상태가 심각한 환자를 먼저 치료합니다. 상태가 덜 심각한 환자는 간단한 응급 처치를 한 후에 기다리게 됩니다. 그래야 위험에 빠진 환자를 더 많이 구할 수 있겠지요?

응급실 일지

DATA BOX 1 을 보고, 다음 물음에 답하세요.

(1) 클레어 스미스*는 오서 밀러보다 몇 개월 뒤에 태어났나요?
(2) 사람들의 대화를 잘 살펴보고 A, B, C, D, E, F가 각각 누구인지 쓰세요.

나는 B보다 20살이 더 많아.

A   B

내 생일은 11월이야.

내 생일은 6월이야.

C   D

나는 F보다 5살이 적어.

E   F

*클레어 스미스 : 클레어는 이름, 스미스는 성입니다. 우리 나라는 성·이름의 순으로 쓰지만, 서양에서는 이름·성의 순으로 씁니다.

숨 쉬는 것이 어려운 환자는
빨간색으로 분류되어
즉시 치료를 받습니다.

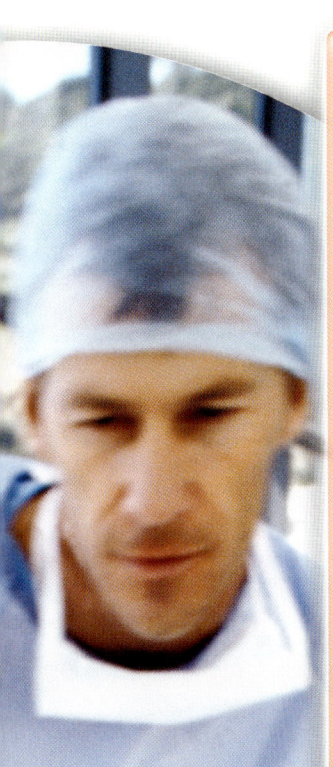

DATA BOX 1 환자의 개인 정보

성   콜트
이름   카밀라
생년월일 1993년 10월 6일
성별   여

성   스미스
이름   클레어
생년월일 1977년 6월 25일
성별   여

성   콜린
이름   잭
생년월일 1958년 7월 13일
성별   남

성   바버
이름   데이시
생년월일 1988년 9월 3일
성별   여

성   밀러
이름   오서
생년월일 1959년 11월 25일
성별   남

성   가르시아
이름   디파
생년월일 1978년 1월 8일
성별   여

DATA BOX 2
치료 우선 순위

간호사는 증상에 따라 환자를 구분합니다. 아래와 같은 정보가 적혀 있는 카드를 이용하여 의사에게 가장 먼저 치료를 해야 할 환자를 알려 줍니다.

빨간색 즉시 치료 요함, 보는 즉시 치료를 해야 할 환자

주황색 매우 위급함, 도착한 지 10분 이내 치료해야 할 환자

노란색 위급함, 도착한 지 1시간 이내에 치료해야 할 환자

녹색 보통, 도착한 지 2시간 이내에 치료해야 할 환자

파란색 급하지 않음, 도착한 지 4시간 이내에 치료해야 할 환자

도전 문제

DATA BOX 1, **DATA BOX 2** 를 이용하여 각 환자의 이름과 붙여야 하는 카드 색을 쓰시오.

(a) 가장 어린 환자는 숨을 쉬지 못하기 때문에 즉시 치료를 해야 합니다.

(b) 가장 나이가 많은 환자는 발목을 삐었기 때문에 도착한 지 2시간 이내에 치료하면 됩니다.

(c) 데이시 바버는 '급하지 않음' 등급을 받았습니다.

(d) 클레어 스미스는 피가 많이 나고 있기 때문에 도착한 지 10분 이내에 치료를 해야 합니다.

(e) 다른 여성은 화상을 입었기 때문에 도착한 지 1시간 이내에 치료를 해야 합니다.

(f) 여섯 번째 환자는 노란색 등급을 받았습니다.

STAGE 3 간호사가 하는 일

응급실은 치료를 위한 여러 공간으로 나누어집니다. 각 공간에는 의사가 사용하는 의료 장비들이 있습니다. 예를 들어 심폐소생*실에는 환자의 심장을 다시 뛰도록 돕는 장비가 있어요. 또 응급실에는 환자가 누워 있을 침대도 있고, 보호자들이 대기하는 장소도 있어요. 어린 환자들을 위해서 장난감이 있는 장소가 따로 마련되어 있고요. 간호사는 환자의 상태를 확인하고, 환자의 호흡, 심장박동, 혈압*, 체온을 측정합니다. 환자의 문제가 무엇인지 알아내는 일을 하고 있지요.

*심폐소생: 숨을 쉬지 않는 환자의 가슴을 압박하고, 인공호흡을 하는 치료 기술   *혈압: 혈액이 혈관을 누르는 힘

응급실 일지

DATA BOX 를 보면 환자들이 응급실을 찾는 가장 흔한 이유 몇 가지를 볼 수 있습니다. 그림그래프는 어느 날 아침 응급실을 찾은 환자 수를 증상별로 나타내고 있습니다.

그림그래프의 정보를 이용하여
아래 물음에 답하세요.

(1) 가장 흔한 환자의 증상은 무엇인가요?
(2) 가장 적은 환자의 증상은 무엇인가요?
(3) 다음의 증상에 각각 몇 명의 환자가 있었나요?
   (a) 가슴이 아픔
   (b) 상처가 남
   (c) 뼈가 부러짐
   (d) 배가 아픔
(4) 숨 쉬기가 어려운 환자는 가슴이 아픈 환자보다 몇 명 더 많나요?
(5) 상처가 난 환자는 뼈가 부러진 환자보다 몇 명이 더 적나요?
(6) 환자의 수는 모두 몇 명인가요?

68쪽에 도움말이 있습니다.

청진기를 이용하면, 환자의 심장과 폐에서 나는 소리를 들을 수 있습니다.

환자의 상태를 알아보는 검사

간호사는 몇 가지 검사를 통해 환자의 상태를 알아냅니다.

- 환자의 손가락에 집게 모양의 기계를 끼워서 자동으로 피 속에 있는 산소의 양을 확인합니다.
- 환자가 숨 쉬는 데 어려움을 느끼면, 호흡량을 측정합니다. 1분 동안 숨 쉬는 횟수를 측정하는 것입니다.
- 환자의 체온도 잽니다.
- 당뇨병 환자인 경우에는 환자의 소변을 검사하거나 피부를 작은 바늘로 찔러서 나온 피를 검사하여 혈당을 측정합니다.

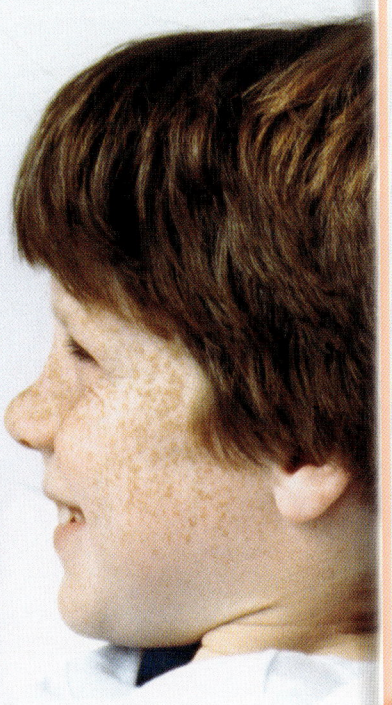

DATA BOX 증상별 환자 수

하루 아침 동안 병원 응급실에 도착한 환자의 상태를 정리한 그림그래프입니다.

😐 : 4명

증상	환자 수
상처가 남	😐😐😐
뼈가 부러짐	😐😐😐😐😐😐◐
의식이 없거나 희미함	😐◐
가슴이 아픔	😐😐😐
숨 쉬기가 어려움	😐😐😐◐
배가 아픔	😐😐◐
기타	😐😐😐😐

도전 문제

응급실에 하루에 약 250명의 환자가 온다면, 일 년 동안 응급실을 찾는 환자는 몇 명일까요? 천의 자리에서 반올림하여 답하세요.

STAGE 4 심장박동과 혈압

심장박동 수를 재는 이유는 심장이 빨리 뛰는지, 일정하게 뛰는지 알아보기 위해서예요. 심장박동은 운동을 했거나, 충격을 받았을 때, 또는 심장에 문제가 생겼을 때 빨라집니다. 심장박동은 청진기를 통해서 들을 수 있어요. 응급실의 간호사는 청진기로 심장박동 소리를 들으며, 혈압을 잽니다. 혈압은 심장이 피를 얼마나 강하게 몸 곳곳으로 밀어주는지 알려줍니다. 환자의 상태가 심각한 경우에는 심장 부위에 모니터를 연결하여 화면을 통해 심장박동을 확인하기도 하지요.

응급실 일지

DATA BOX 에서 나이에 따른 어린이와 어른의 심장박동 수를 볼 수 있습니다. 간호사는 환자의 심장박동 수가 정상 범위인지 확인합니다. 정상 범위 밖이라면, 몸이 좋지 않다는 뜻입니다.

아래 표는 6명의 어린이의 15초 동안의 심장박동 수입니다. 1분 동안에는 몇 번 뛰었을지 계산해 보고, 심장박동에 문제가 있는 어린이를 찾아보세요.

이름	나이	15초 동안의 심장박동 수
제인	4살	25번
루크	6달	35번
데이브	7살	36번
우비	13살	29번
몰리	1살	31번
첼시	9살	19번

68쪽에 도움말이 있습니다.

혈압계로 혈압을 재는 모습

DATA BOX 심장박동 수

아래 표는 1분 동안 나이별 어린이의 심장박동 수를 보여 줍니다.

나이 범위	1분 동안의 심장박동 수
1살 아래	110에서 160 사이
1~2살	100에서 150 사이
3~5살	95에서 140 사이
6~12살	80에서 120 사이
12살 넘음	60에서 100 사이

심장박동 수를 구하는 방법은 15초(=$\frac{1}{4}$분) 동안의 심장박동 수를 센 다음에 4를 곱합니다. 이로써 1분 동안의 심장박동 수를 알 수 있습니다.

도전 문제

다음은 어른 6명의 심장박동 수입니다. 15초 동안의 심장박동 수는 각각 얼마인가요?

(a) 1분에 92번 (b) 1분에 76번

(c) 1분에 52번 (d) 1분에 72번

(e) 1분에 68번 (f) 1분에 88번

68쪽에 도움말이 있습니다.

심장박동 검사기

몇 명의 환자들이 모니터에 자신의 심장박동 수 결과가 나오기를 기다리고 있습니다. 이 기계는 심장박동 수를 화면으로 나타내서 환자에게 문제가 있는지 바로 확인할 수 있게 해 줍니다. 환자들은 자신의 심장이 '매우 느리게 뜀'(1분에 60번보다 적게 뛰는 경우)인지, '매우 빠름'(1분에 120번을 넘게 뛰는 경우)인지, 심장박동이 불규칙한지 확인합니다. 위독한 환자와 가슴이 아픈 환자의 경우에 이 모니터를 사용합니다.

혈압 재기

혈압은 혈압계로 잽니다. 혈압계의 공기가 들어가는 주머니를 팔 위쪽에 감습니다. 간호사는 팔꿈치 앞쪽 팔에 청진기를 대고, 혈압계에 공기를 넣어서 팔을 꽉 조이게 합니다. 그 다음에는 공기를 서서히 빼면서 청진기를 통해 심장박동 소리를 들으며 혈압 눈금을 확인합니다.

STAGE 5 체온

간호사는 환자의 상태를 파악하기 위해 환자의 체온을 잽니다. 환자의 체온이 너무 높거나 너무 낮으면 위험한 상태예요. 환자의 체온이 너무 높다면, 열병*에 걸렸을 수 있어요. 그 원인은 여러 가지가 있습니다. 반대로 체온이 너무 낮으면 뇌에 영향을 주어 생각하거나 움직이는 것이 어렵게 되지요. 그래서 환자의 체온이 정상이 아니면, 간호사는 즉시 조치를 취해야 합니다. 체온이 높을 때에는 선풍기나 젖은 천으로 환자의 몸을 식히고, 체온이 낮으면 따뜻한 담요를 덮어 줍니다.

*열병 : 열이 몹시 오르는 병

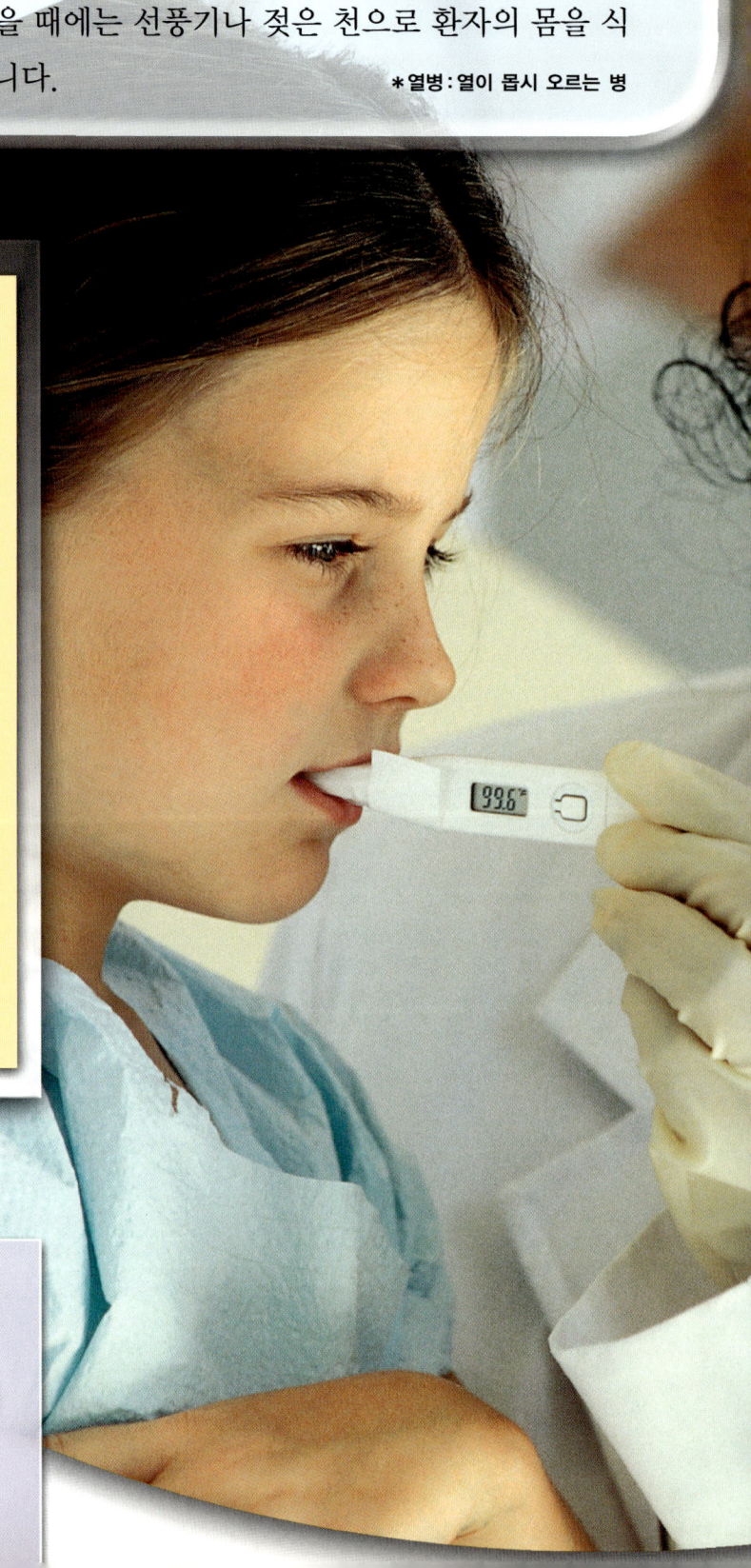

응급실 일지

DATA BOX 에는 하루 동안의 환자의 체온을 나타낸 그래프가 있습니다. 그래프를 보고, 아래 물음에 답하세요.

(1) 다음 시각에 환자의 체온은 몇 ℃입니까?
   (a) 8시 10분
   (b) 9시 10분
   (c) 23시 25분
(2) 체온이 가장 낮은 때는 언제입니까?
(3) 체온이 38.5℃인 때는 언제입니까?
(4) 체온을 처음 잰 때부터 마지막으로 잰 때까지 몇 분이 흘렀나요?

68쪽에 도움말이 있습니다.

체온 유지

너무 추운 상태라면 뛰어다니지 말아야 합니다. 운동을 하면 몸의 열을 더 빨리 빼앗기기 때문입니다. 몸의 열은 30%가 머리를 통해 빠져나가므로, 머리를 덮고 있는 것이 좋습니다.

여러 가지 체온계

체온계는 전자 체온계, 디지털 체온계 등 여러 가지 종류가 있습니다. 어떤 체온계는 팔 아래에 끼거나 입 안에 넣어서 체온을 잽니다. 또 귀 속에 넣어서 체온을 재는 것도 있습니다. 이 체온계를 고막 체온계라고 부릅니다. 수은*체온계는 매우 위험하기 때문에 요즘에는 거의 쓰지 않습니다. 만약 사고로 수은 체온계가 깨지면, 수은이 피부에 닿지 않도록 해야 합니다.

*수은 : 중금속의 하나로 중독의 위험이 있음

DATA BOX 체온 측정표

사람의 정상 체온은 약 37℃입니다.

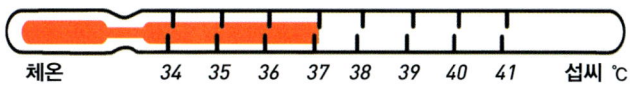

환자가 정상 체온이 아니라면, 간호사는 환자의 체온을 수시로 확인합니다. 아래 그래프는 오전 8시에 응급실에 도착한 환자의 체온을 하루 동안 나타낸 표입니다. 빨간색 점은 체온이고 빨간색 선은 표를 쉽게 읽을 수 있도록 그린 것입니다.

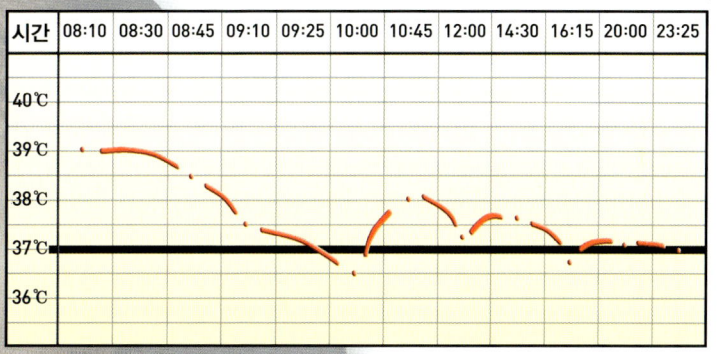

*8시 10분을 08 : 10으로 간단히 나타낼 수 있습니다.

도전 문제

다음은 동물들의 정상 체온입니다.

흰긴수염고래	35.5℃
젖소	38.5℃
개	38℃
코끼리	36.5℃
타조	39℃
부엉이	40℃
북극곰	37℃

위의 DATA BOX 에 있는 사람의 정상 체온을 보세요.

(1) 각 동물들의 정상 체온은 사람의 정상 체온과 얼마나 차이가 날까요?

(2) 체온이 낮은 동물부터 차례로 쓰세요.

저체온증 대응 방법

위험할 정도로 체온이 낮은 경우를 '저체온증'이라고 부릅니다. 그럴 때에는 담요를 사용하여 몸을 따뜻하게 합니다. 담요는 두 겹으로 되어 있으며 안에는 공기가 들어 있습니다. 특수 기계로 담요 안에 따뜻한 공기를 불어 넣은 후, 이 담요를 환자의 몸 위에 덮어 줍니다.

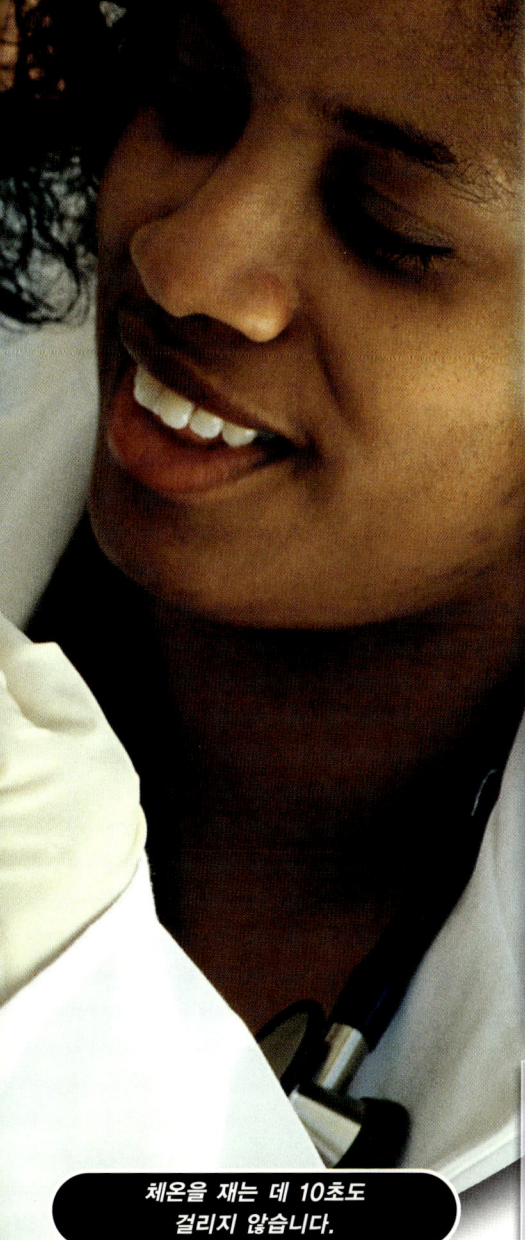

체온을 재는 데 10초도 걸리지 않습니다.

STAGE 6 숨쉬기

응급실에는 숨쉬기 어려워 하는 환자들도 종종 옵니다. 어린이 중 숨쉬기를 어려워 하는 경우는 천식*이 가장 많아요. 천식은 우리가 들이마시는 공기를 통해서 감염되지요. 이 병에 걸리면 숨 쉴 때 쌕쌕거리는 소리가 나고 숨을 쉬기가 힘이 듭니다. 병원에 천식 환자가 오면, 간호사는 호흡량 측정기라는 기계를 불게 하여 1초에 숨을 얼마나 내뱉는지 확인합니다. 이것으로 환자의 상태를 확인하여 적절한 처방을 내립니다.

*천식 : 기관지에 경련이 일어나는 병. 숨이 가쁘고 기침이 나며 가래가 심하다.

응급실 일지

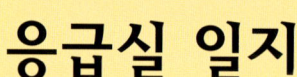 에 측정한 값을 적었습니다.
각 환자의 '정상 날숨*의 양'과 '실제 날숨의 양'의 차이를 적어 보세요.

(a) 엘라 (b) 로비
(c) 벤 (d) 잭
(e) 제스

*날숨 : 내쉬는 숨

도전 문제

DATA BOX 2 를 이용하여 다음 물음에 답하세요.

(1) 다음의 키에서 '정상 날숨의 양'을 어림해 보세요.
   (a) 138cm
   (b) 156cm
   (c) 114cm

(2) '날숨의 양'이 아래와 같을 때 키를 예상해 보세요.
   (a) 210L/분
   (b) 370L/분
   (c) 500L/분

68쪽에 도움말이 있습니다.

천식 환자가 호흡량 측정기를 불고 있는 모습

DATA BOX 1 날숨의 양 측정

어린이가 내쉬는 숨의 양은 대체로 키에 따라 다릅니다. 키가 큰 아이는 일반적으로 키가 작은 아이보다 숨을 많이 내쉽니다. 천식에 걸린 환자는 숨을 잘 내뱉지 못합니다. 아래 표를 보면, 8살 소녀인 엘라는 130cm입니다. 보통 그녀와 비슷한 나이와 키를 가진 어린이는 260L/분으로 내쉽니다. 그러나 엘라는 천식이 있어서 겨우 150L/분밖에 내쉬지 못합니다.

호흡 측정 기계로 측정한 값		
이름	정상 날숨의 양 (L/분)	실제 날숨의 양 (L/분)
엘라	260	150
로비	470	300
벤	330	190
잭	210	170
제스	520	380

DATA BOX 2 키에 따른 날숨의 양

오른쪽 그래프는 키에 따른 '정상 날숨의 양'을 나타냅니다.

붉은 선은 키가 130cm인 엘라의 '정상 날숨의 양'을 구하는 방법입니다.

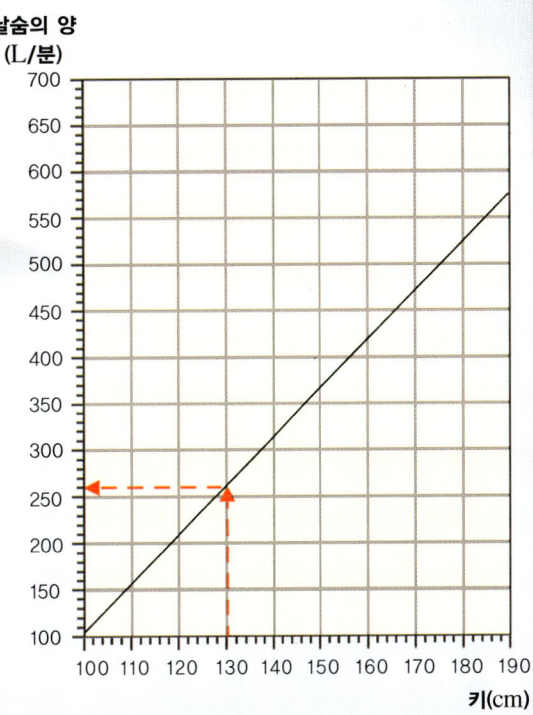

STAGE 7 여러 가지 검사

지금까지 환자의 상태를 알기 위한 여러 가지 간단한 검사들에 대해 살펴보았어요. 그러나 이 검사들만으로는 환자의 상태를 정확히 알 수 없습니다. 그래서 피검사와 소변검사, 특수 장비를 이용한 검사 결과를 통해 환자의 병이 무엇인지 확인할 수 있지요. 초음파*, CT*, MRI*와 같은 기계를 이용한 검사도 이루어집니다. 이러한 검사는 환자가 아픈 원인을 찾고, 가장 좋은 치료 방법이 무엇인지 결정할 수 있게 도와줘요.

*초음파 : 사람이 들을 수 있는 한계 주파수 이상이어서 들을 수 없는 음파로 이 원리를 이용하여 신체를 검사하기도 함.
*CT : 컴퓨터 단층 촬영 *MRI : 자기(磁氣) 공명 단층 촬영 장치

응급실 일지

환자들의 심장, 혈액, 심장박동 수 등을 확인하여 증가하거나 감소하는 값을 잘 기록해 두어야 합니다. 또한 그 다음의 측정값을 예측할 줄도 알아야 합니다.

연습해 볼까요? 아래의 경우 다음에 올 3개의 숫자를 적어 보세요.

(a) 2, 4, 6, 8, 10, 12, …
(b) 100, 90, 80, 70, 60, 50, 40, …
(c) 25, 30, 35, 40, 45, 50, 55, 60, …
(d) $2\frac{1}{4}$, $2\frac{3}{4}$, $3\frac{1}{4}$, $3\frac{3}{4}$, $4\frac{1}{4}$, $4\frac{3}{4}$, $5\frac{1}{4}$, …
(e) −7, −4, −1, 2, 5, 8, …
(f) 1.5, 3, 4.5, 6, 7.5, …
(g) 0.9, 1.1, 1.3, 1.5, 1.7, …

68쪽에 도움말이 있습니다.

환자에게 필요한 검사에 대해 이야기하고 있습니다.

혈액의 양

어른의 경우 혈액의 양은 몸무게의 약 7%에 해당합니다.
100kg인 남자는 약 7L의 혈액을 가지고 있습니다.
70kg인 남자는 약 5L의 혈액을 가지고 있습니다.
50kg인 남자는 약 $3\frac{1}{2}$L의 혈액을 가지고 있습니다.

아이들의 혈액의 양(mL 단위)은 아이의 체중(kg 단위)에 80을 곱하면 됩니다. 10kg인 어린이는 약 800mL의 혈액을 가지고 있습니다. 어린이들은 어른보다 적은 양의 혈액을 가지고 있기 때문에 아기와 어린이용으로 사용하는 혈액병의 크기는 작습니다. 이때 사용하는 혈액병의 용량은 1mL입니다.

DATA BOX

서로 다른 크기의 혈액병

검사를 위해 뽑은 혈액은 '혈액병'에 담습니다. 혈액병은 뚜껑의 색깔에 따라 크기가 다릅니다.

빨간 뚜껑의 병: $3\frac{1}{2}$mL의 혈액이 들어 있습니다. 빈혈 환자에게 사용합니다.

갈색 뚜껑의 병: $7\frac{1}{2}$mL의 혈액이 들어 있습니다. 피의 성분을 조사할 때 사용합니다.

노란 뚜껑의 병: $2\frac{1}{2}$mL의 혈액이 들어 있습니다. 혈당량을 잴 때 사용합니다.

파란 뚜껑의 병: $4\frac{1}{2}$mL의 혈액이 들어 있습니다. 혈액형을 검사할 때 사용합니다. 혈액형에는 A형, B형, O형, AB형 4가지가 있습니다.

도전 문제

간호사가 DATA BOX 에 있는 혈액병 중 세 가지 병을 이용하였습니다. 그리고 그 병을 모두 채웠습니다.

세 병의 피의 양이 다음과 같을 때, 간호사가 고른 병은 각각 어떤 병입니까?

(a) 10.5mL
(b) 13.5mL
(c) 14.5mL
(d) 15.5mL

STAGE 8 처방하기

의사는 여러 가지 검사를 통해 환자의 상태를 파악한 후에 적절한 처방을 내립니다. 팔다리가 부러진 경우에는 깁스를 합니다. 그리고 환자에게 약을 줄 것인지, 주사를 놓을 것인지, 수술을 할 것인지 처방전을 써 줘요. 의사는 환자에게 처방한 내용과 이유를 설명해 줍니다. 약과 주사를 처방할 때에는 환자의 나이와 체중을 다시 한번 확인하여 그 양을 조절합니다. 어린이들이 어른과 같은 양의 주사와 약을 처방받는다면 위험할 수도 있기 때문이지요.

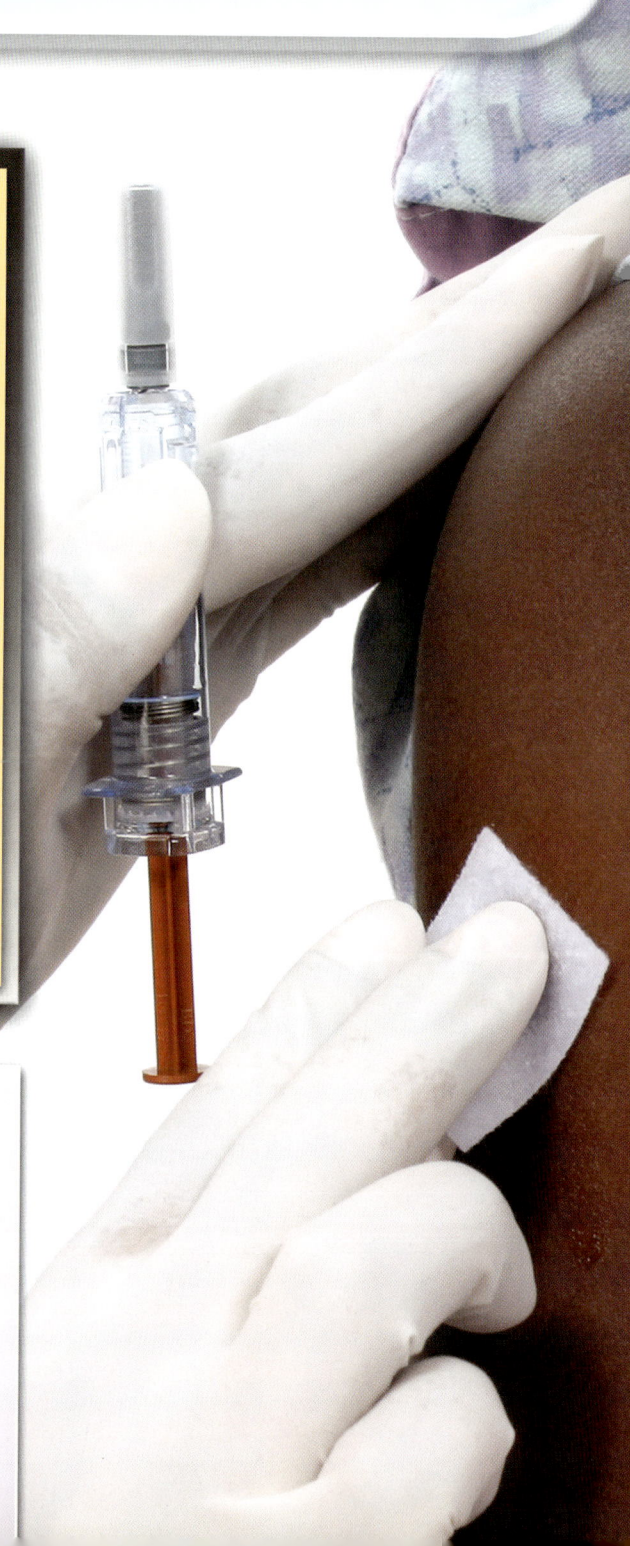

응급실 일지

DATA BOX에 여러 가지 주사약의 이름과 어린이의 몸무게에 따라 처방해야 할 주사약의 양(mL 단위)이 적혀 있습니다.

(1) 다음 몸무게의 어린이에게 항생제를 얼마나 처방해야 하나요?
　(a) 17kg　　(b) 24kg　　(c) 16kg

(2) 다음 몸무게의 어린이에게 진통제를 얼마나 처방해야 하나요?
　(a) 15kg　　(b) 13kg　　(c) 19kg

(3) 다음 몸무게의 어린이에게 스테로이드제를 얼마나 처방해야 하나요?
　(a) 25kg　　(b) 30kg

(4) 다음 몸무게의 어린이에게 항히스타민제는 얼마나 처방해야 하나요?
　(a) 20kg　　(b) 35kg

69쪽에 도움말이 있습니다.

약의 종류

약은 입으로 먹는 약과 상처에 직접 바르는 약이 있습니다. 먹는 약은 복용량*이 정해져 있습니다. 어린이들은 복용량이 적으므로 보통 물약으로 처방합니다. 물약은 가루약이나 알약보다 삼키기 쉽습니다.
천식처럼 숨 쉬기가 어려운 환자는 입으로 들이마셔서 바로 폐로 들어가는 약을 처방받습니다. 이 약은 공기흡입기를 이용하여 섭취합니다.

*복용량 : 한 번에 먹는 양

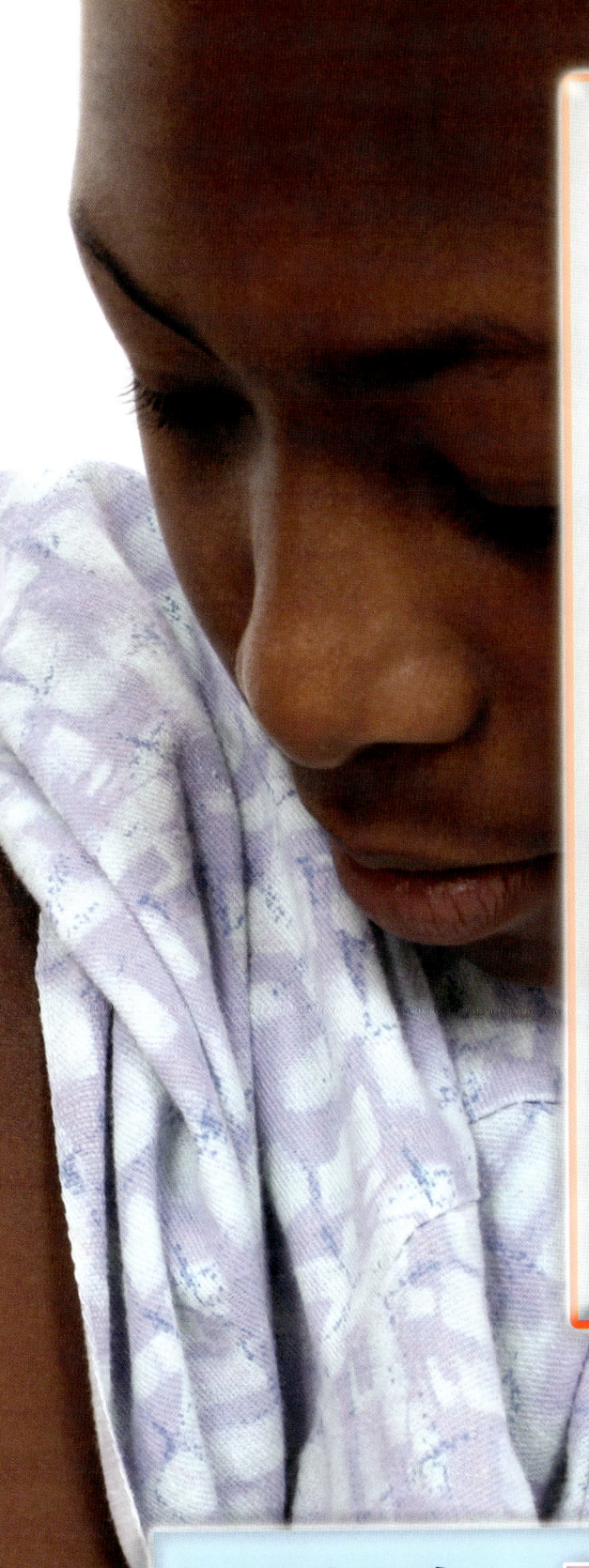

DATA BOX
어린이들에게 처방할 약의 양

어린이들은 어른보다 훨씬 적은 양의 약을 사용합니다. 의사가 어린이에게 처방할 약의 양을 정할 때에는 환자의 나이와 몸무게를 생각하여 결정합니다.

아래에는 어린이의 몸무게에 따라 처방할 약의 양(mL 단위)이 적혀 있습니다.

항생제   병균을 죽이는 약으로 몸무게(kg 단위) 숫자 만큼의 양(mL 단위)을 줍니다. 처방할 항생제의 양은 20mL이거나 그보다 적어야 합니다. 만일 20보다 큰 숫자가 나왔을 때에는 정확히 20mL만큼만 투여합니다.

진통제   진통을 줄여 주는 약으로 어린이의 몸무게(kg 단위)를 10으로 나눕니다. 이때 나온 값(mL 단위)만큼 처방합니다.

스테로이드제   근육과 조직이 커지도록 도와주는 약으로 어린이의 몸무게(kg 단위)에 4를 곱한 다음 100으로 나눕니다. 이때 나온 값(mL 단위)만큼 처방합니다.

항히스타민제   알러지 반응을 줄여 주는 약으로 어린이의 몸무게(kg 단위)에 2를 곱한 다음 100으로 나눕니다. 이때 나온 값(mL 단위)만큼 처방합니다.

주사를 놓기 전에 소독제로 팔을 닦고 있는 모습

도전 문제

분수나 나눗셈이 적힌 카드입니다. 같은 값인 카드끼리 선으로 이어 보세요.

$\frac{1}{5}$	4로 나누기	100으로 나누기	천분의 일
2로 나누기	3으로 나누기	$\frac{1}{100}$	5로 나누기
삼분의 일	사분의 일	1000으로 나누기	$\frac{1}{2}$
$\frac{1}{50}$	50으로 나누기	십분의 일	10으로 나누기

STAGE 9 엑스레이 촬영

사고로 인한 가장 흔한 부상은 뼈가 부러지거나 삐는 것입니다. 뼈가 부러진 것은 엑스레이* 촬영을 통해 확인할 수 있습니다. 환자는 특수 방에 들어가서 엑스레이 기계에 부러진 부위를 올려 놓습니다. 엑스레이 기사는 사진이 잘 나오도록 쬐야할 방사선*의 양과 시간을 정해요. 그리고 이 값을 컴퓨터에 입력하지요. 엑스레이 버튼을 누르면 필름에 찍히고, 커다란 기계가 일반 사진기에서 하는 것처럼 필름을 현상합니다. 그리고 필름을 의사에게 보여 줍니다.

*엑스레이 : 물체를 투과하는 전자기파
*방사선 : 방사성 원소의 붕괴에 따라 물체에서 방출되는 전자기파

응급실 일지

삼각건은 삼각형 모양으로 생겼습니다.

a b c
d e f

(1) 이등변삼각형과 정삼각형을 찾아보세요.
(2) 직각이 있는 삼각형은 어느 것인가요?
(3) 각 삼각형에서 대칭축은 모두 몇 개인가요?

69쪽에 도움말이 있습니다.

삐었을 때의 처치법

뼈는 인대*로 연결되어 있습니다. 인대가 늘어났을 때 삐었다고 합니다. 관절을 삐었을 때에는 관절을 사용하지 못하게 들어 올려 주어야 합니다. 얼음찜질은 붓기를 가라앉게 해 줍니다. 어떤 때에는 관절에 붕대를 감기도 합니다. 이 붕대는 신축성이 있는 소재로 만듭니다.

손목을 삐었을 때에도 어깨에 붕대를 묶습니다. 다음은 삼각건으로 팔을 고정하는 모습입니다.

*인대: 두 개의 뼈를 서로 연결해 주는 부분

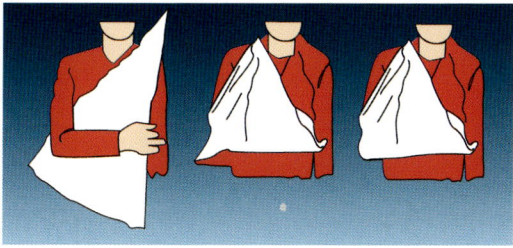

사각형 모양의 손수건을 대각선 방향으로 반으로 접어서 만들 수도 있습니다.

DATA BOX 방사선 쬐는 양

몸의 부위	쬐는 양
팔	4
다리	5
무릎	3
팔꿈치	3
발목	2
손목	1
엉덩이	40
가슴	2
머리	50
배	70

몸의 일부분 사진을 찍을 때 엑스레이 기계로 방사선을 쏩니다. 너무 많은 방사선을 쬐면 위험합니다. 방사선을 찍는 사람은 일을 하는 동안 노출되는 방사선의 양을 보여 주는 특수 배지를 달고 있어야 합니다. 방사선의 양은 엑스레이를 찍는 부위와 환자의 몸 크기에 따라 결정됩니다. 표는 어린이의 경우일때 방사선을 쬐는 양을 나타내었습니다.

의사가 어느 뼈에 어떤 문제가 있는지 엑스레이 사진을 봅니다.

도전 문제

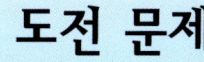를 보세요. 방사선을 쬐는 양이 1일 때, $1\frac{1}{2}$일 동안 방사선이 몸에 남아 있게 됩니다. 즉 발목을 찍게 되면 3일 동안 방사선이 남아 있는 것입니다.

다음 부위에 엑스레이를 찍었을 때, 방사선은 며칠 동안 몸에 남아 있을까요?

(a) 팔 (b) 팔꿈치
(c) 손목 (d) 다리
(e) 엉덩이 (f) 머리
(g) 배

STAGE 10 약 처방 목록

환자가 응급실에 있는 동안 의사는 환자에 대해 여러 가지를 기록해 둡니다. 이 기록을 보면 환자에게 어떤 처방이 내려졌으며, 다음에 어떤 처방을 내려야 할지 알 수 있어요. 병원에 입원하여 치료를 받는 환자도 있지만 통원 치료*를 받는 환자도 있습니다. 의사는 약을 처방하기 전에 환자가 이전에 처방받은 약들을 확인합니다. 또한 환자가 특정 약에 알러지가 있는지도 확인해야 해요. 그래서 의사는 환자마다 '약 처방 목록'을 써 두어 다음 처방에 참고할 수 있도록 한답니다.

*통원 치료 : 병원을 왔다갔다하며 받는 치료

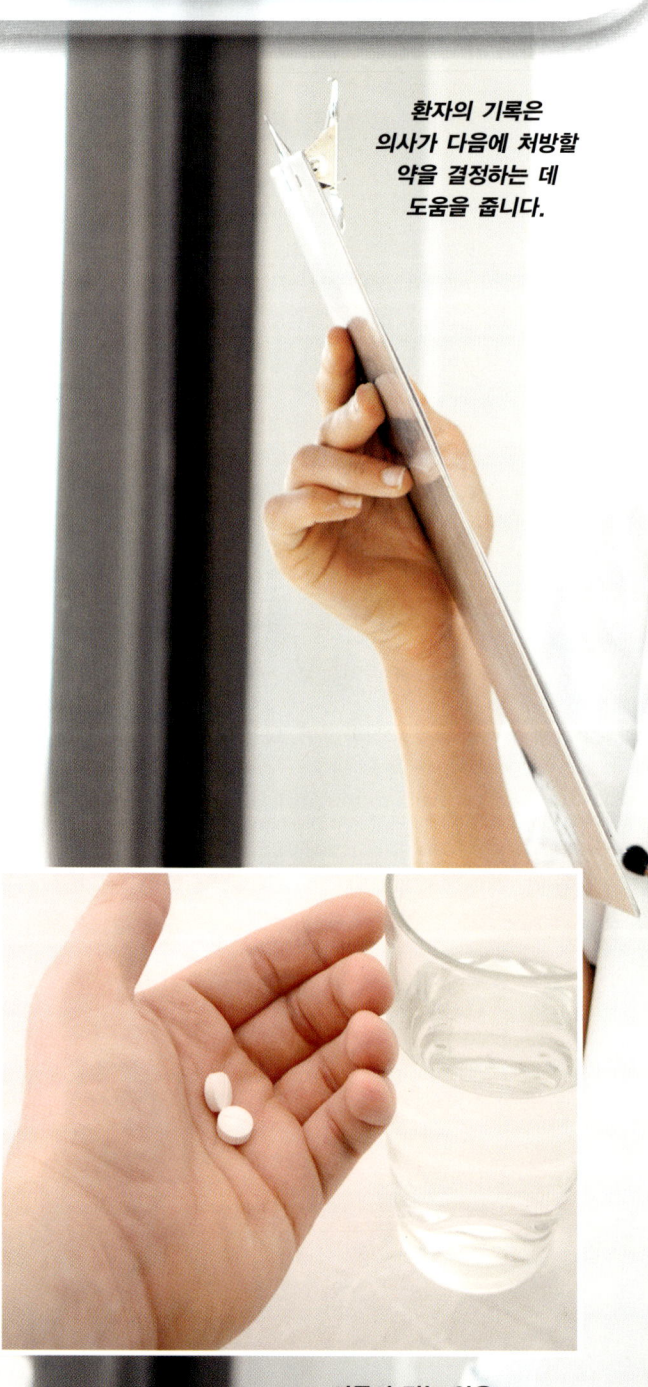

환자의 기록은 의사가 다음에 처방할 약을 결정하는 데 도움을 줍니다.

응급실 일지

DATA BOX 에 하루에 먹어야 하는 알약의 개수와 이 약을 며칠 동안 먹어야 하는지 보여 주는 표가 있습니다.
표를 보고, 다음 물음에 답하세요.

(1) 다음 사람들이 먹어야 하는 약이 몇 개인지 구하세요.
 (a) 이보 페인
 (b) 저스틴 베드
 (c) 이반 이치
 (d) 시모 데이

(2) 의사가 환자들에게 알약을 주기적인 간격으로 한 번에 두 알씩 먹으라고 했습니다. 하루 24시간 동안 같은 간격으로 약을 먹으려면, 몇 시간마다 약을 먹어야 할까요?
 (a) 이보 페인
 (b) 저스틴 베드
 (c) 이반 이치
 (d) 시모 데이

주기적인 간격이라는 말뜻은 시간을 같은 간격으로 쪼갠다는 뜻입니다.

어른이 먹는 약은 대부분 알약입니다.

DATA BOX 약을 먹는 횟수

환자 이름	약의 종류	하루에 먹어야 하는 알약의 개수(개)	먹어야 하는 날수(일)
이보 페인	스테로이드제	8	3
저스틴 베드	항히스타민제	6	2
이반 이치	항생제	4	5
시모 데이	진통제	8	7

진통제 같은 약은 같은 양을 일정한 간격으로 먹어야 합니다. 필요하다면, '6시간마다 한 개나 두 개의 알약을 복용하세요.'와 같이 의사가 특별히 지시를 내릴 때도 있습니다.

도전 문제

24시간을 기준으로 답을 구하세요.

(1) 24시간 중 6시간마다 약을 먹는 환자가 있습니다.
 (a) 처음 8시에 약을 먹었다면, 다음에 약을 먹어야 하는 시각을 차례로 쓰세요.
 (b) 처음 16시 15분에 약을 먹었다면, 다음에 약을 먹어야 하는 시각을 차례로 쓰세요.

(2) 24시간 중 4시간마다 약을 먹는 환자가 있습니다.
 (a) 처음 19시에 약을 먹었다면, 다음에 약을 먹어야 하는 시각을 차례로 쓰세요.
 (b) 처음 4시 45분에 약을 먹었다면, 다음에 약을 먹어야 하는 시각을 차례로 쓰세요.

69쪽에 도움말이 있습니다.

약의 이름은 두가지

약의 이름은 두 가지로 짓습니다. 하나는 약의 성분을 나타내는 '일반 이름'이고, 다른 하나는 회사에서 이름 붙인 '상표 이름'입니다. 예를 들어 파라세타몰은 해열 진통제의 일반 이름이고, 타이레놀, 파나돌과 같은 이름은 상표 이름입니다.

STAGE 11 응급 처치 후

급하게 치료가 필요한 환자에게 도움을 주는 것이 응급실에서 하는 일입니다. 응급 처치가 끝나 환자의 상태가 좋아지면 곧바로 퇴원을 해요. 하지만 병원의 다른 과로 옮겨 더 치료를 받아야 하는 환자도 있어요. 체온이 극도로 높다거나 머리를 다친 것처럼 환자의 상태가 심각한 경우에는 옆에서 계속 살펴봐야 합니다. 응급실 의사는 자주 환자의 심박 수, 혈압, 호흡, 체온 등을 확인하여 환자의 상태를 확인한답니다.

응급실 일지

DATA BOX 에는 환자의 상태를 얼마나 자주 살펴봐야 하는지를 메모한 의사의 수첩을 볼 수 있습니다.

처음 8시간 동안 환자를 몇 번 살펴봐야 할까요?

응급실을 나와서

어떤 환자는 진료비를 낸 후, 처방전을 받습니다. 처방전은 약국으로 가져갑니다. 약국에서는 처방된 약을 정확하게 조제하여 약봉지에 약을 복용하는 방법을 적어 줍니다.

어떤 환자는 병원에 예약하여 검사를 받아야 합니다. 병원에 예약을 하고 찾아오는 환자들을 '외래 환자'라고 합니다.

종합병원 의사는 환자 가족의 주치의나 개인병원 의사에게 소견서를 써 주기도 합니다. 개인병원 의사는 소견서를 보고 환자에게 어떤 처치를 하고 환자에게 어떤 검사를 해야 할지 알 수 있습니다.

DATA BOX   환자에 대한 메모

의사가 아래와 같이 환자에 대한 메모를 적어 두었습니다.

환자 상태 머리 부상

다친 이유 운동장의 정글짐에서 떨어져 머리를 다침.

관찰 결과 앞 머리 오른쪽에 타박상이 있고, 다른 곳은 정상임.

진단 가벼운 머리 부상

계획 처음 1시간 동안은 15분마다 한 번씩, 다음 2시간 동안은 30분마다 한 번, 다음 5시간 동안은 한 시간에 한 번씩 살펴볼 것

의사는 환자의 퇴원을 허락하기 전에 환자의 기록을 확인합니다.

도전 문제

사고가 났던 다섯 명의 환자 중 한 명이 병원에 입원하고 다른 환자들은 모두 퇴원했습니다.

(a) 퇴원한 환자는 몇 %인가요?
(b) (a)의 답을 소수로 쓰세요.
(c) (b)의 답을 가장 간단한 분수(기약분수)로 쓰세요.

69쪽에 도움말이 있습니다.

마무리 도전 문제

문제 1 오늘은 독감 예방 주사를 맞는 날입니다. 독감 예방 주사를 맞은 학생의 수를 나타낸 그림그래프를 보고, 물음에 답하세요.

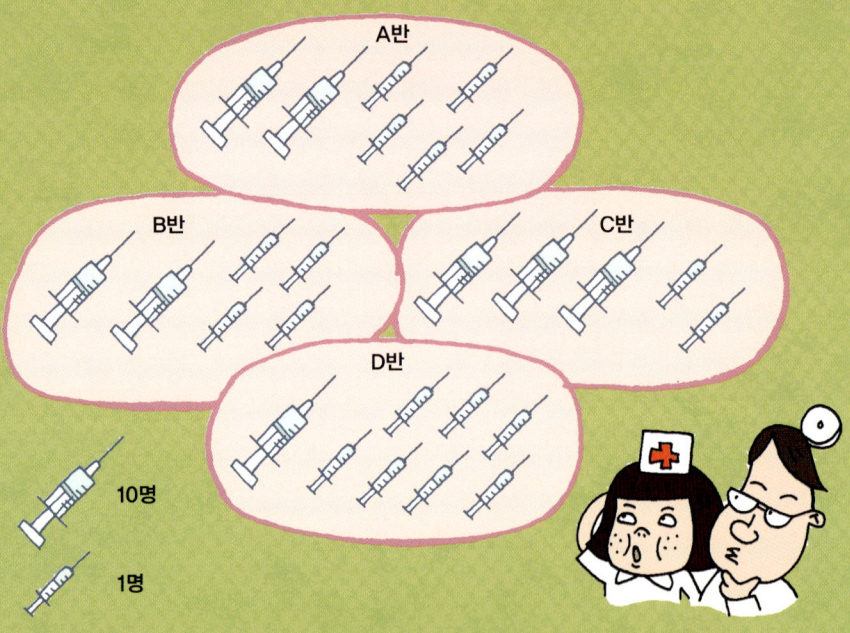

(1) 독감 예방 주사를 맞은 학생의 수가 가장 많은 반은 어느 반인가요?
(2) A반에서 독감 예방 주사를 맞은 학생은 모두 몇 명인가요?
(3) D반의 학생 수는 모두 32명입니다. 그럼 몇 명이 더 독감 예방 주사를 맞아야 할까요?
 (독감 예방 주사는 한 명도 빠짐없이 맞아야 합니다.)
(4) 독감 예방 주사를 맞은 학생의 수는 모두 몇 명인가요?

문제 2 일주일 동안 어느 환자에게 처방된 항생제의 양이 다음과 같습니다. 하루 평균 항생제의 양을 구하세요.

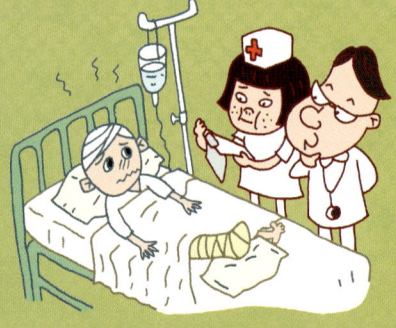

요일	월	화	수	목	금	토	일
항생제의 양 (mL)	12	7	9	10	8	10	7

71쪽 '평균'을 참고하세요.

문제 3

예상치 못했던 큰 파도 때문에 여객선이 침몰하고 말았습니다. 다행히 가까이 있던 해양 경찰이 빨리 발견해서 승객은 모두 안전하게 병원으로 실려 왔습니다. 진료 카드를 정확히 이해한 사람은 누구인지 모두 찾아보세요.

진료 카드

NO____

- 배에 타고 있던 승객은 40명이었습니다.
- 승객 중에서 남자는 24명이었습니다.
- 여자 어린이는 6명인데, 그 중 3명은 3일 후에 바로 퇴원했습니다.
- 여자 어른은 모두 3일 후에 바로 퇴원했습니다.
- 남자 어른 중에서 3일 후에 바로 퇴원한 사람은 16명입니다.
- 3일 후 퇴원한 남자 어른의 수는 퇴원한 남자 어린이의 수의 8배입니다.
- 어린이의 수는 모두 10명입니다.
- 배 표는 어른용과 어린이용 두 가지 뿐입니다. (어린이가 아닌 사람은 모두 어른입니다.)

은수 —— 여자는 모두 20명이에요.

민아 —— 남자 어린이는 모두 4명이야.

똘이 —— 남자 어른은 모두 18명이야.

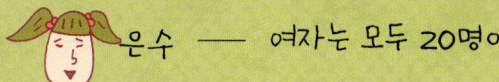
원호 —— 퇴원한 남자 어린이는 모두 3명이에요.

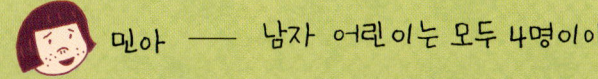
준혁 —— 3일이 지난 후에도 병원에 계속 입원하고 있는 사람은 모두 9명이군.

성공을 위한 팁

STAGE 1 44-45쪽

[도전 문제]

1000m는 1km입니다.
따라서 1500m=1.5km이고, 2800m=2.8km입니다.

STAGE 3 48-49쪽

[응급실 일지]

그림그래프에는 그림 하나가 나타내는 것이 무엇인지 확인해야 합니다. 이 그림그래프에서는 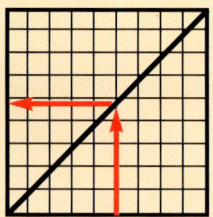가 4명을 나타냅니다. 그래서 는 2명을 나타냅니다.

71쪽 '그림그래프'를 참고하세요.

STAGE 4 50-51쪽

[응급실 일지]

4를 곱하는 것은 2배 한 수를 다시 2배 하는 것과 같습니다.
25×4는 다음과 같이 구합니다.
25의 2배는 25×2=50
50의 2배는 50×2=100
따라서 25×4=100입니다.

[도전 문제]

4로 나누는 것은 수를 반으로 나눈 후, 다시 반으로 나누는 것과 같습니다.
180÷4는 다음과 같이 구합니다.
180의 절반은? 180÷2=90
90의 절반은? 90÷2=45
따라서 180÷4=45입니다.

STAGE 5 52-53쪽

[응급실 일지]

두 시각 사이의 간격을 구하기 위해서는 분끼리 계산하고, 시끼리 계산합니다. 이때 분끼리 계산할 수 없을 때에는 시에서 1시간을(60분)을 받아내립니다.

STAGE 6 54-55쪽

[응급실 일지]

그래프에서 키에 맞는
'정상 날숨 속도'를 알고 싶다면 : 알고 싶은 키에서 그래프의 선과 만날 때까지 위로 올라가다가, 선에 닿으면 왼쪽으로 꺾어서 가리키는 눈금을 읽으면 됩니다.

그래프에서
'정상 날숨 속도'에 맞는 키를 알고 싶다면 : 알고 싶은 '정상 날숨 속도'에서 그래프의 선과 만날 때까지 오른쪽으로 가로지르다가, 선에 닿으면 아래로 꺾어서 가리키는 눈금을 읽습니다.

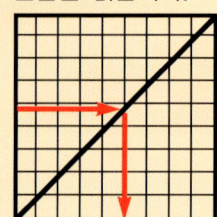

71쪽 '꺾은선그래프'를 참고하세요.

STAGE 7 56-57쪽

[응급실 일지]

나열된 수의 규칙을 찾으려면, 앞의 수와 뒤의 수의 관계를 알아봅니다.
아래 나열된 수는 앞의 수에 4를 더하면 뒤의 수가 됩니다. 따라서 22 다음에 올 수는 22에 4를 더한 26임을 알 수 있습니다.

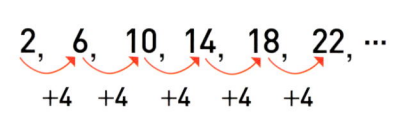

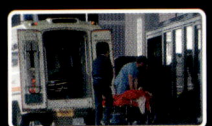  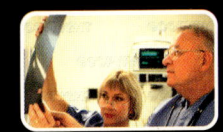  

STAGE 8 58-59쪽

[응급실 일지]

10으로 나눌 때에는 각 자리의 숫자를 한 칸씩 오른쪽으로 옮깁니다.

만의 자리	천의 자리	백의 자리	십의 자리	일의 자리	.	소수 첫째 자리
		3	4	0		
			3	4		

340÷10=34

100으로 나눌 때에는 각 숫자의 자리 수를 두 칸씩 오른쪽으로 옮깁니다.

만의 자리	천의 자리	백의 자리	십의 자리	일의 자리	.	소수 첫째 자리
		3	4	0		
			3	4		
				3	.	4

340÷100=3.4

STAGE 9 60-61쪽

삼각형

위의 삼각형에는 길이가 같은 변이 없습니다.

이등변삼각형은 두 변의 길이가 서로 같습니다.

정삼각형은 세 변의 길이와 세 각의 크기가 모두 같습니다. 정삼각형의 한 각의 크기는 60°입니다.

70쪽 '삼각형'과 '대칭축'을 참고하세요.

STAGE 10 62-63쪽

[도전 문제]

오전과 오후 : 오전은 0시부터 정오까지의 시간을 말합니다. 오후는 정오부터 밤 12시까지의 시간을 말합니다.

STAGE 11 64-65쪽

[도전 문제]

% : 퍼센트(%)는 전체를 100으로 보고 나타낸 것입니다. 예를 들어 50%는 분수로 $\frac{50}{100}$ 또는 $\frac{1}{2}$입니다. 퇴원한 환자가 몇 %인지 구하려면, $\frac{1}{2}$을 퍼센트로는 어떻게 나타내는지 알아보세요. 그러면 퇴원한 환자의 퍼센트를 구할 수 있습니다.

70쪽에 '기약분수'와 '퍼센트'를 참고하세요.

이해를 돕는 개념 설명

기약분수

분모와 분자의 공약수가 1인 분수.
즉 분모와 분자를 더 이상 나눌 수 있는 공통인 수가 없는 분수를 말합니다.
$\frac{6}{12}$에서 6과 12는 2, 3, 6으로 각각 나누어지는 공통인 수가 있으므로 기약분수가 아닙니다. 따라서 이를 약분하면 $\frac{6}{12} = \frac{3}{6} = \frac{1}{2}$이고, 더 이상 나누어지지 않는 $\frac{1}{2}$과 같은 분수를 기약분수라고 합니다.

퍼센트 (%)

전체를 100으로 보았을 때, 차지하는 비율을 나타내는 방법으로 기호는 %로 나타냅니다. 35%를 분수로 $\frac{35}{100}$, 소수로 0.35로 나타냅니다.

삼각형

세 개의 선분으로 이루어진 도형.

이등변삼각형	직각삼각형	정삼각형
두 변의 길이가 같은 삼각형	한 각이 직각인 삼각형	세 변의 길이가 같은 삼각형

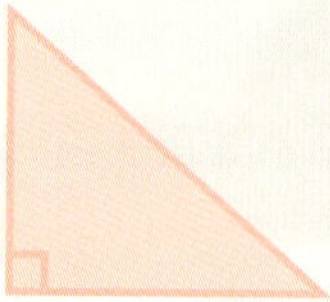

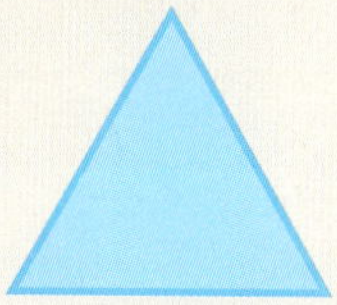

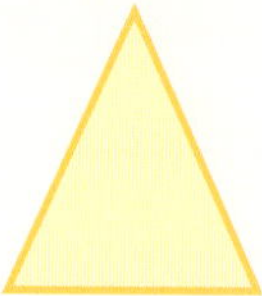

대칭축

한 도형을 어떤 직선으로 접었을 때 완전히 겹쳐지면 그 직선을 대칭축이라고 합니다. 정삼각형은 대칭축이 3개입니다.

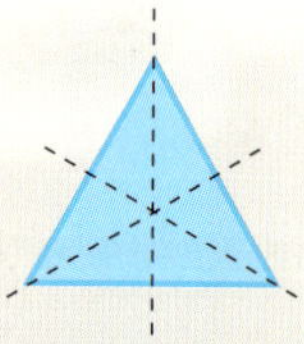

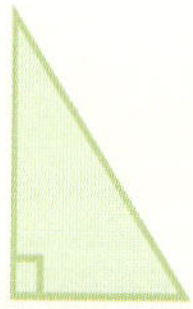

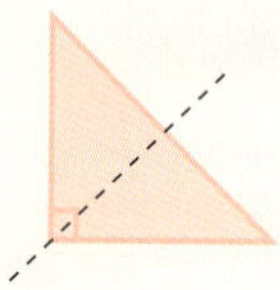

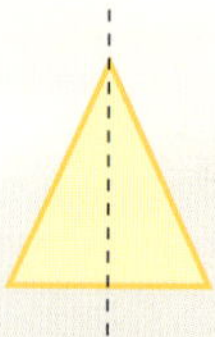

이등변삼각형	정삼각형	직각삼각형	직각이등변삼각형
대칭축 1개	대칭축 3개	대칭축 없음	대칭축 1개

| 꺾은선 그래프 | 각 자료의 값을 점으로 나타낸 후, 그 점들을 선분으로 이은 그래프를 꺾은선그래프라고 합니다. 꺾은선 그래프는 변화하는 모양과 정도를 알아보기 쉽고, 조사하지 않은 중간의 값도 예상할 수 있습니다. 꺾은선의 기울기가 많이 기울어질수록 그 변화의 정도가 심한 것입니다. 오른쪽은 콩나물의 키를 2시간마다 측정하여 나타낸 꺾은선그래프의 예입니다. 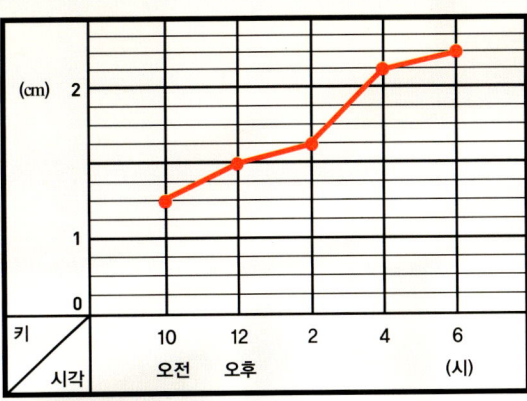 |

| 그림 그래프 | 다음은 (가), (나), (다), (라) 과수원에서 생산되는 사과의 수를 그림으로 나타낸 것입니다. |

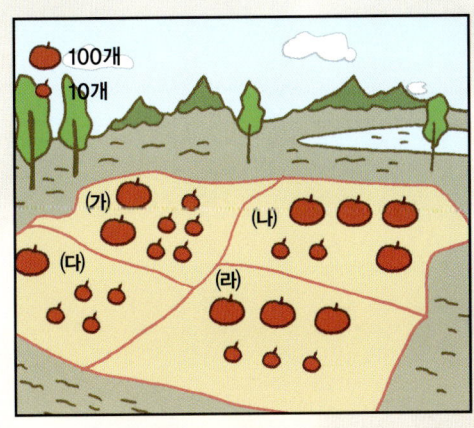

🍎는 100개, 🍎는 10개를 나타내므로 (가) 과수원은 250개, (나) 과수원은 420개, (다) 과수원은 140개, (라) 과수원은 330개의 사과를 생산한 것입니다. 가장 많은 사과를 생산하는 과수원은 (나) 과수원입니다.

| 평균 | 전체 자료의 합계를 자료의 개수로 나눈 값.

(평균) = $\frac{(자료의 합계)}{(자료의 개수)}$ 로 구할 수 있습니다.

위의 **그림그래프**에서 자료의 합계(사과의 개수)는 220+110+300+130=760(개)이고, 자료의 개수(과수원의 수)는 4개입니다.

따라서 한 과수원의 사과의 평균은 $\frac{(자료의 합계)}{(자료의 개수)} = \frac{760}{4} = 190$(개)입니다. |

정답 및 해설

STAGE 1 12-13쪽

[우주 미션]

(1) (a) 37분   (b) 322일
(2) (a) 2976km   (b) 2981km   (c) 1784km
(3) 3배 정도 높습니다.

비교 부분	차이
적도반지름	지구가 2976km 더 깁니다.
극반지름	지구가 2981km 더 깁니다.
핵반지름	지구가 1784km 더 깁니다.
1년	화성이 322일 더 깁니다.
하루	화성이 37분 더 깁니다.
가장 높은 산의 높이	화성이 약 3배 정도 더 높습니다.

[도전 문제]

(1) 수성, 금성, 지구, 화성, 목성, 토성, 천왕성, 해왕성
(2) 금성
(3) (a) 550000000km
    (b) 1199000000km
    (c) 4269000000km
(4) (a) 목성   (b) 화성
    (c) 해왕성   (d) 천왕성

(a) 금성과 태양 사이의 거리는 10800만 km이고, 이 거리의 7배는 75600만 km입니다. 목성이 태양과 77800만 km의 거리로 75600만 km와 가장 가까운 값입니다.

STAGE 2 14-15쪽

[우주 미션]

(1) (a) 2009년 10월 19일   (b) 2011년 11월 25일
   (a) 2010년 1월 27일의 100일 전은 2009년 10월 19일입니다.
   (b) 2012년 3월 4일의 100일 전은 2011년 11월 25일입니다.
(2) (a) 2010년 4월 19일   (b) 2012년 5월 25일
   (a) 2009년 10월 19일부터 6개월 후는 2010년 4월 19일입니다.
   (b) 2011년 11월 25일부터 6개월 후는 2012년 5월 25일입니다.

[도전 문제]

(a) 약 730일   (b) 약 1374일
(c) 약 1095일   (d) 약 2061일

(a) 365×2=730(일)
(b) 687×2=1374(일)
(c) 365×3=1095(일)
(d) 687×3=2061(일)

STAGE 3 16-17쪽

[우주 미션]

(1) (a) 5시 25분   (b) 9시 55분   (c) 14시 5분
    (d) 16시 15분   (e) 17시 18분   (f) 17시 21분
    (g) 17시 24분   (h) 17시 24분 56초
    (i) 17시 24분 57초

단계	남은 시간	단계별 시각
1	12시간 전	5시 25분
2	7시간 30분 전	9시 55분
3	3시간 20분 전	14시 5분
4	1시간 10분 전	16시 15분
5	7분 전	17시 18분
6	4분 전	17시 21분
7	1분 전	17시 24분
8	4초 전	17시 24분 56초
9	3초 전	17시 24분 57초
발사	0초	17시 25분

(2) (a) 8, 6, 4   (b) 12, 7, 2
    (c) 9, 6, 3   (d) 9.5, 5.5, 1.5
    (e) 3.2, 2.1, 1
   (a) 2씩 작아집니다.
   (b) 5씩 작아집니다.
   (c) 3씩 작아집니다.
   (d) 4씩 작아집니다.
   (e) 1.1씩 작아집니다.

[도전 문제]

(a) 16km (b) 80km (c) 240km
(d) 480km (e) 2400km (f) 4800km
(g) 14400km (h) 28800km (i) 691200km

	2초	10초	30초	1분	5분	10분	30분	1시간	1일
시간(초)	2	10	30	60	300	600	1800	3600	86400
거리(km)	16	80	240	480	2400	4800	14400	28800	691200

STAGE 4 18-19쪽

[우주 미션]

a : 28800 b : 28100 c : 0.3
d : 3 e : −9 f : −10
g : 40

[도전 문제]

(1) (a) 2, 4, 6 (b) 4
 (c) 3 (d) 5
(2) (a) 75km (b) 120km (c) 90km
 (a) 세로로 5칸이 떨어져 있으므로 15×5=75(km)
 (b) 가로로 8칸이 떨어져 있으므로 15×8=120(km)
 (c) 가로로 6칸이 떨어져 있으므로 15×6=90(km)

STAGE 5 20-21쪽

[우주 미션]

(1) −15℃
 −80℃에서 65℃만큼 오르면 −15℃입니다.
(2) −42℃
 8℃에서 50℃만큼 떨어지면 −42℃입니다.
(3) (a) −30℃ (b) 10℃
 (c) −30℃ (d) −41℃
 수직선을 그려서 생각해 보면 실수하지 않습니다.

[도전 문제]

(1) 참 (2) 참 (3) 참
(4) 거짓, −9℃입니다. (5) 참
(6) 거짓, 오전 4시입니다.
 (4) 최고 온도는 약 −9℃입니다.
 (6) 오전 4시쯤의 온도가 가장 낮습니다.

STAGE 6 22-23쪽

[우주 미션]

(1) (a) 8월 (b) 1월 (c) 11월
 (d) 5월과 8월 (e) 6월 (f) 2월
 (g) 5월과 10월
(2) (a) 27℃ (b) 34℃ (c) 36℃
 (a) 4월 최고기온은 −44℃이고, 최저기온은 −71℃이므로 27℃ 차이가 납니다.
 (b) 8월 최고기온은 −46℃이고, 최저기온은 −80℃이므로 34℃ 차이가 납니다.
 (c) 6월 최고기온은 −41.9℃이고, 최저기온은 −77.9℃이므로 36℃ 차이가 납니다.
(3) (a) 0.5m/초 (b) 0.7m/초 (c) 1m/초
 (a) 2.4−1.9=0.5(m/초)
 (b) 3.1−2.4=0.7(m/초)
 (c) 2.8−1.8=1(m/초)

[도전 문제]

(1) −51.5℃
(2) 2.5m/초

월	1	2	3	4	5	6	7
평균기온(℃)	−28.6	−41.8	−55.7	−60.7	−65.2	−61	−60.7
평균 바람 속력(m/초)	3	1.8	2.4	2.4	2.9	3.1	2.6

월	8	9	10	11	12	합계	평균
평균기온(℃)	−67.8	−56.5	−50.6	−38.2	−31.3	−618.1	약 −51.5
평균 바람 속력(m/초)	1.9	2.5	2.8	2.3	2.2	29.9	약 2.5

(1)처럼 영하의 기온의 평균을 구할 때에는 '−' 부호를 없다고 생각하고 자연수의 계산을 한 후, 계산 결과에 '−'를 붙여 줍니다.

정답 및 해설

STAGE 7 24-25쪽

[우주 미션]

(a) 17kg (b) 43.5kg (c) 19kg
(d) 131.5kg (e) 56.5kg (f) 53kg
(g) 70kg (h) 13950kg (i) 8.5kg

	중력	행성에서의 무게
지구(기준)	1	50kg
수성	0.34	17kg
금성	0.87	43.5kg
화성	0.38	19kg
목성	2.63	131.5kg
토성	1.13	56.5kg
천왕성	1.06	53kg
해왕성	1.4	70kg
태양	279	13950kg
달	0.17	8.5kg

[도전 문제]

(1) (a) 12000m/시 (b) 200m/분 (c) 약 3m/초
(2) (a) 108000m/시 (b) 1800m/분 (c) 30m/초
(3) (a) 240000m/시 (b) 4000m/분 (c) 약 67m/초
(4) (a) 960000m/시 (b) 16000m/분 (c) 약 267m/초
(5) (a) 28000000m/시 (b) 약 466667m/분
(c) 약 7778m/초

km/시 단위를 m/시 단위로 바꿀 때에는 1000을 곱합니다. m/시 단위를 m/분 단위로 바꿀 때에는 60으로 나눕니다.
m/분 단위를 m/초 단위로 바꿀 때에도 60으로 나눕니다.

STAGE 8 26-27쪽

[우주 미션]

(1) 44시간
주중 5일은 8시간씩, 토요일은 4시간, 일요일은 쉬므로 모두 8×5+4=44(시간) 일합니다.

(2) 2640분
44시간×60=2640분

(3) 25%
원그래프 전체는 100%이므로 기타는 100-25-20-30=25(%)입니다.

(4) (a) $\frac{1}{5}$ (b) $\frac{3}{10}$ (c) $\frac{1}{4}$

(a) 20% = $\frac{20}{100}$ = $\frac{1}{5}$

(b) 30% = $\frac{30}{100}$ = $\frac{3}{10}$

(c) 25% = $\frac{25}{100}$ = $\frac{1}{4}$

[도전 문제]

(1) 6시 17분, 7시 47분, 9시 17분
낮이 45분이고 밤이 45분이므로 다음 해가 떠오르는 것은 90분 후입니다.

(2) 11시 32분, 13시 2분, 14시 32분
(1)과 마찬가지로 90분마다 한 번씩 해가 지게 됩니다.

STAGE 9 28-29쪽

[우주 미션]

(1) (a) 33, 41, 49, 57 (b) 35, 43, 51, 59
(c) 38, 46, 54 (d) 40, 48, 56

(a) [식단 1]은 8로 나누어 나머지가 1이 되는 날입니다. 따라서 33, 41, 49, 57이 됩니다.
(b) [식단 3]은 8로 나누어 나머지가 3이 되는 날이므로 35, 43, 51, 59가 됩니다.
(c) [식단 6]은 8로 나누어 나머지가 6이 되는 날이므로 38, 46, 54가 됩니다.
(d) [식단 8]은 8로 나누어 떨어지는 날이므로 40, 48, 56이 됩니다.

(2) 10월 27일, 11월 4일, 11월 12일, 11월 20일, 11월 28일, 12월 6일
8일 마다 [식단 1]을 먹게 됩니다. 따라서 처음 10월 19일에 먹었다면, 8일 후인 10월 27일, 또 8일 후인 11월 4일, …에 먹게 됩니다.

[도전 문제]

(a) 식단 2 (b) 식단 4 (c) 식단 7
(d) 식단 5 (e) 식단 3

(a) 50÷8=6…2 (나머지 : 2)
(b) 36÷8=4…4 (나머지 : 4)
(c) 23÷8=2…7 (나머지 : 7)
(d) 53÷8=6…5 (나머지 : 5)
(e) 59÷8=7…3 (나머지 : 3)

STAGE ⑩ 30-31쪽

[우주 미션]

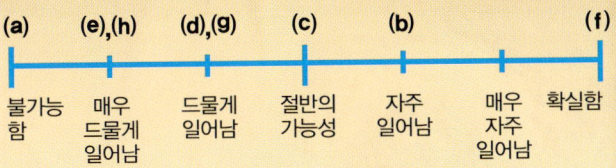

'불가능함'부터 '확실함'까지 6등분 되어 있으므로 위와 같이 나누어 생각합니다.

[도전 문제]

(1) 17개　　(2) 13개　　(3) 3지역
(4) 9개　　(5) 48개

	1지역(개)	2지역(개)	3지역(개)	4지역(개)	합계
나사	3	5	7	2	17
유럽 우주 기구	0	2	3	1	6
일본 우주 항공 연구 개발 기구	4	1	3	2	10
러시아 항공 우주 기구	3	4	4	1	12
인도 우주 연구 기구	1	1	1	0	3
합계	11	13	18	6	48

STAGE ⑪ 32-33쪽

[우주 미션]

에이미, 칼럼, 데이지

2030년에 몇 살이 되는지 알기 위해 2030에서 각자 태어난 해를 빼어 구합니다.
에이미 – 31살, 베타니 – 26살
칼럼 – 29살, 데이지 – 38살
에밀리 – 41살, 핀레이 – 57살
따라서 2030년에 28살에서 40살 사이인 에이미, 칼럼, 데이지입니다.

[도전 문제]

(a) 69년　　(b) 828개월
(c) 약 3588주　　(d) 약 25185일

　(a) 2030−1961=69(년)
　(b) 69×12=828(개월)
　(c) 1년은 약 52주입니다.
　　 따라서 69×52=3588(주)
　(d) 69×365=25185(일)

34-35쪽

[마무리 도전 문제]

1.

행성	태양과의 거리 (AU)	태양의 빛이 행성에 닿는데 걸리는 시간
금성	0.7	350초
지구	1.0	8분 20초(500초)
화성	1.5	750초
토성	9.5	4750초
천왕성	19.2	9600초

2. (1) **560m**
　　　70×8=560(m)
　(2) **1500m**
　　　60×25=1500(m)
　(3) **375층**
　　　1500÷4=375(층)

3. (1) **수성**
자전 속도의 단위를 통일하여 비교합니다. km/시에 1000을 곱하면 m/시가 되므로 수성의 자전 속도는 10892m/시, 금성의 자전 속도는 6520m/시이므로 수성이 더 빠릅니다.
(2) **해왕성**
1m는 1000mm이므로 mm/초를 1000으로 나누면 m/초가 됩니다. 천왕성의 자전 속도는 2590m/초, 해왕성의 자전 속도는 2680m/초이므로 해왕성의 자전 속도가 더 빠릅니다.

4. 분류 기준 1: 행성의 구성 물질에 암석이 포함된 것과 가스인 것으로 분류하였습니다.
　분류 기준 2: 행성에 고리가 있고 없음으로 분류하였습니다.

정답 및 해설

STAGE 1 44-45쪽

[응급실 일지]

(1) (a) 3번   (b) 2번
(2) (a) 4번   (b) 3번
(3) (a) 4번   (b) 3번

[도전 문제]

(1) **2200m, 2.2km**
22칸이 됩니다. 따라서 1칸에 100m이므로 모두 2200m=2.2km입니다.

(2) **1.375마일**
2.2km이므로 2.2÷1.6=1.375(마일)이 됩니다.

STAGE 2 46-47쪽

[응급실 일지]

(1) **211개월**
오서 밀러는 1959년에 태어났고, 클레어 스미스는 1977년에 태어났으므로 두 사람은 18년의 차이가 납니다. 그러나 오서 밀러는 11월에 클레어 스미스는 6월에 태어났으므로 18×12-5=211(개월)이 됩니다.

(2) A - 잭 콜린, B - 디파 가르시아
C - 오서 밀러, D - 클레어 스미스
E - 카밀라 콜트, F - 데이시 바버

[도전 문제]

(a) 카밀라 콜트 - 빨간색
(b) 잭 콜린 - 녹색
(c) 데이시 바버 - 파란색
(d) 클레어 스미스 - 주황색
(e) 디파 가르시아 - 노란색
(f) 오서 밀러 - 노란색
  (a) 가장 어린 환자는 카밀라 콜트입니다.
  (b) 가장 나이가 많은 환자는 잭 콜린입니다.

STAGE 3 48-49쪽

[응급실 일지]

(1) 뼈가 부러짐
(2) 의식이 없거나 희미함
(3) (a) 12명   (b) 16명   (c) 26명   (d) 10명
(4) 2명
(5) 10명
(6) 100

😀은 4명이므로 😐은 2명입니다. 따라서 각 상태별 환자의 수는 아래와 같습니다.

상처가 남	16명
뼈가 부러짐	26명
의식이 없거나 희미함	6명
가슴이 아픔	12명
숨 쉬기가 어려움	14명
배가 아픔	10명
기타	16명

[도전 문제]

약 90000명
하루에 250명이면 1년 365일이므로 1년에 250×365=91250(명)입니다. 천의 자리에서 반올림하면 약 90000명이 됩니다.

STAGE 4 50-51쪽

[응급실 일지]

데이브, 우비, 첼시
15초는 1분의 $\frac{1}{4}$이므로 1분 동안의 심장박동 수는 (15초 동안의 심장박동 수)×4를 하면 됩니다. 따라서 아래와 같은 결과가 나옵니다.

이름	심장박동 수	진단
제인	100번	문제 없음
루크	140번	문제 없음
데이브	144번	심장 박동이 너무 빠름
우비	116번	심장 박동이 너무 빠름
몰리	124번	문제 없음
첼시	76번	심장 박동이 너무 느림

[도전 문제]

(a) 23번　(b) 19번　(c) 13번
(d) 18번　(e) 17번　(f) 22번

15초는 1분의 $\frac{1}{4}$이므로 15초 동안의 심장박동 수는 (1분 동안의 심장박동 수)÷4를 하면 됩니다.
따라서 15초 동안의 심장박동 수는 아래와 같습니다.
(a) 92÷4=23(번)　(b) 76÷4=19(번)
(c) 52÷4=13(번)　(d) 72÷4=18(번)
(e) 68÷4=17(번)　(f) 88÷4=22(번)

STAGE 5 52-53쪽

[응급실 일지]

(1) (a) 39℃　(b) 37.5℃　(c) 37℃
(2) 10시
　가장 체온이 낮은 때는 그래프가 가장 낮은 36.5℃인 10시입니다.
(3) 8시 45분
(4) 915분 또는 15시간 15분
　처음 잰 시각은 오전 8시 10분이고 마지막 잰 시각은 오후 11시 25분이므로 15시간 15분입니다. 즉, 915분입니다.

[도전 문제]

(1) 흰긴수염고래 : 1.5℃ 더 낮습니다.
　젖소 : 1.5℃ 더 높습니다.
　개 : 1℃ 더 높습니다.
　코끼리 : 0.5℃ 더 낮습니다.
　타조 : 2℃ 더 높습니다.
　부엉이 : 3℃ 더 높습니다.
　북극곰 : 같습니다.
　사람의 정상 체온이 37℃이므로 각 동물과 사람과의 정상 체온의 차는 다음과 같습니다.
　흰긴수염고래 : 37-35.5=1.5(℃)
　젖소 : 38.5-37=1.5(℃)
　개 : 38-37=1(℃)
　코끼리 : 37-36.5=0.5(℃)
　타조 : 39-37=2(℃)
　부엉이 : 40-37=3(℃)
　북극곰 : 온도의 차가 없습니다.

(2) 흰긴수염고래, 코끼리, 북극곰, 개, 젖소, 타조, 부엉이
　체온은 35.5℃<36.5℃<37℃<38℃<38.5℃<39℃<40℃이므로 체온이 낮은 순서로 흰긴수염고래, 코끼리, 북극곰, 개, 젖소, 타조, 부엉이입니다.

STAGE 6 54-55쪽

[응급실 일지]

(a) 110L/분　(b) 170L/분　(c) 140L/분
(d) 40L/분　(e) 140L/분

	호흡 측정기계로 측정한 값		
이름	정상 날숨의 양 (L/분)	실제 날숨의 양 (L/분)	정상 날숨의 양과 실제 날숨의 양의 차이(L/분)
엘라	260	150	110
로비	470	300	170
벤	330	190	140
잭	210	170	40
제스	520	380	140

[도전 문제]

(1) (a) 약 300L/분　(b) 약 400L/분　(c) 약 180L/분
(2) (a) 약 120cm　(b) 약 150cm　(c) 약 176cm
　(1)은 파란색 선을, (2)는 보라색 선을 참고합니다.

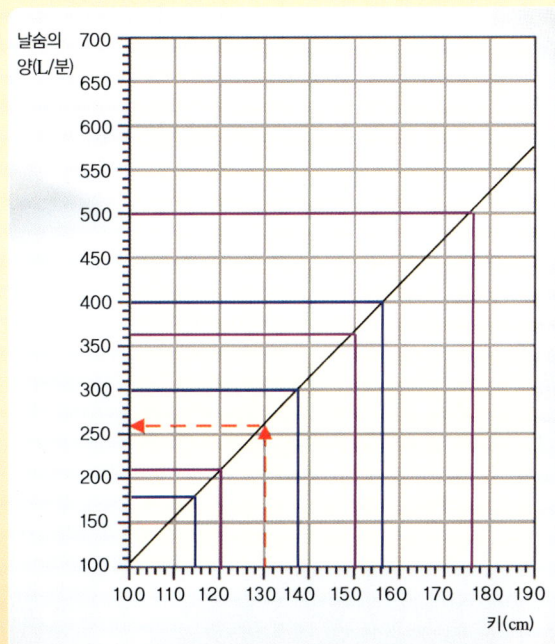

77

정답 및 해설

STAGE 7 56-57쪽

[응급실 일지]

(a) 14, 16, 18 (b) 30, 20, 10
(c) 65, 70, 75 (d) $5\frac{3}{4}$, $6\frac{1}{4}$, $6\frac{3}{4}$
(e) 11, 14, 17 (f) 9, 10.5, 12
(g) 1.9, 2.1, 2.3

(a) 2씩 커집니다. (b) 10씩 작아집니다.
(c) 5씩 커집니다.
(d) 자연수 부분은 2, 2, 3, 3, 4, 4, …로 같은 자연수가 1씩 커지면서 2번씩 반복되고, 분수 부분은 $\frac{1}{4}$과 $\frac{3}{4}$이 반복됩니다.
(e) 3씩 커집니다. (f) 1.5씩 커집니다.
(g) 0.2씩 커집니다.

[도전 문제]

(a) 빨간 뚜껑의 병, 노란 뚜껑의 병, 파란 뚜껑의 병
$\frac{1}{2}$=0.5이므로
(빨간 뚜껑의 병)+(노란 뚜껑의 병)+(파란 뚜껑의 병)
=3.5+2.5+4.5=10.5(mL)

(b) 빨간 뚜껑의 병, 갈색 뚜껑의 병, 노란 뚜껑의 병
(빨간 뚜껑의 병)+(갈색 뚜껑의 병)+(노란 뚜껑의 병)
=3.5+7.5+2.5=13.5(mL)

(c) 파란 뚜껑의 병, 갈색 뚜껑의 병, 노란 뚜껑의 병
(파란 뚜껑의 병)+(갈색 뚜껑의 병)+(노란 뚜껑의 병)
=4.5+7.5+2.5=14.5(mL)

(d) 빨간 뚜껑의 병, 파란 뚜껑의 병, 갈색 뚜껑의 병
(빨간 뚜껑의 병)+(파란 뚜껑의 병)+(갈색 뚜껑의 병)
=3.5+4.5+7.5=15.5(mL)

STAGE 8 58-59쪽

[응급실 일지]

(1)(a) 17mL (b) 20mL (c) 16mL
항생제는 몸무게만큼 줄 수 있고, 20kg이 넘으면 무조건 20mL를 투여합니다.

(2)(a) 1.5mL (b) 1.3mL (c) 1.9mL
진통제는 (몸무게)÷10만큼 처방해야 합니다.
(a) 15÷10=1.5(mL), (b) 13÷10=1.3(mL)
(c) 19÷10=1.9(mL)씩 처방하면 됩니다.

(3)(a) 1mL (b) 1.2mL
스테로이드는 (몸무게)×4÷100만큼 처방해야 합니다.
(a) 25×4÷100=1(mL),
(b) 30×4÷100=1.2(mL)씩 처방하면 됩니다.

(4)(a) 0.4mL (b) 0.7mL
항히스타민제는 (몸무게)×2÷100만큼 처방해야 합니다. (a) 20×2÷100=0.4(mL),
(b) 35×2÷100=0.7(mL)씩 처방하면 됩니다.

[도전 문제]

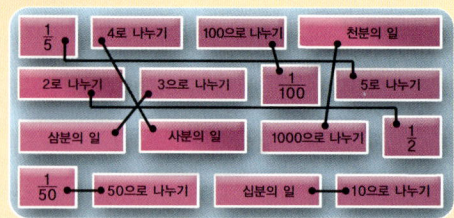

STAGE 9 60-61쪽

[응급실 일지]

(1) 이등변삼각형 : a, b, d, e
 정삼각형 : b, e
이등변삼각형은 두 변의 길이가 같은 삼각형이므로 a, b, d, e입니다.
정삼각형은 세 변의 길이가 모두 같은 삼각형이므로 b, e입니다.

(2) c, d

(3)(a) 1개 (b) 3개 (c) 없음
 (d) 1개 (e) 3개 (f) 없음
접어서 양쪽이 완전히 겹쳐지는 선을 찾으면 아래와 같습니다.

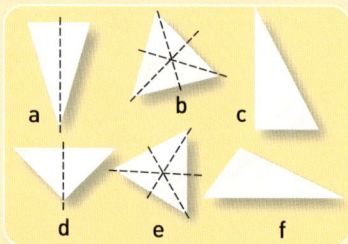

[도전 문제]

(a) 6일 (b) $4\frac{1}{2}$(4.5)일 (c) $1\frac{1}{2}$(1.5)일
(d) $7\frac{1}{2}$(7.5)일 (e) 60일 (f) 75일
(g) 105일

방사선을 1만큼 쬐면, $1\frac{1}{2}$일 즉 1.5일 방사선이 남게 됩니다. 따라서 방사선이 남아 있는 날수를 계산하면 아래와 같습니다.

몸의 부위	쬐는 양	방사선이 남아 있는 날수
팔	4	4×1.5=6(일)
다리	5	5×1.5=7.5(일)
무릎	3	3×1.5=4.5(일)
팔꿈치	3	3×1.5=4.5(일)
발목	2	2×1.5=3(일)
손목	1	1×1.5=1.5(일)
엉덩이	40	40×1.5=60(일)
가슴	2	2×1.5=3(일)
머리	50	50×1.5=75(일)
배	70	70×1.5=105(일)

STAGE 10 62-63쪽

[응급실 일지]

(1) (a) **24개** (b) **12개** (c) **20개** (d) **56개**
(2) (a) **6시간** (b) **8시간** (c) **12시간** (d) **6시간**

각 환자가 먹어야 총 알약의 개수, 시간 간격을 계산하면 아래와 같습니다.

환자 이름	약 이름	하루에 먹어야 하는 알약의 개수(개)	먹어야 하는 날 수(일)	총 알약의 개수(개)	시간 간격(시간)
이보 페인	스테로이드제	8	3	24	6
저스틴 베드	항히스타민제	6	2	12	8
이반 이치	항생제	4	5	20	12
시모 데이	진통제	8	7	56	6

[도전 문제]

(1) (a) **14시, 20시, 2시**
8시부터 6시간 간격은 14시, 20시, 2시입니다.
(b) **22시 15분, 4시 15분, 10시 15분**
16시 15분부터 6시간 간격은 22시 15분, 4시 15분, 10시 15분입니다.
(2) (a) **23시, 3시, 7시, 11시, 15시**
19시부터 4시간 간격은 23시, 3시, 7시, 11시, 15시입니다.
(b) **8시 45분, 12시 45분, 16시 45분, 20시 45분, 0시 45분**
4시 45분부터 4시간 간격은 8시 45분, 12시 45분, 16시 45분, 20시 45분, 0시 45분입니다.

STAGE 11 64-65쪽

[응급실 일지]

13번

[도전 문제]

(a) **80%**
$\frac{4}{5} \times 100 = 80(\%)$

(b) **0.8**

(c) **$\frac{4}{5}$**

66-67쪽

[마무리 도전 문제]

1. (1) **C반** (2) **25명** (3) **15명** (4) **98명**
(1) 각 반에서 독감 예방 주사를 맞은 학생의 수는
A반 : 25명, B : 24명, C반 : 32명, D반 : 17명입니다.
따라서 독감 예방 주사를 맞은 학생 수가 가장 많은 반은 C반입니다.
(3) D반의 전체 학생 수는 32명이므로 32-17=15(명)이 독감 예방 주사를 더 맞아야 합니다.
(4) 독감 예방 주사를 맞은 학생 수는 25+24+32+17=98(명)입니다.

2. **9mL**
(하루 평균 항생제의 양)
$= \frac{12+7+9+10+8+10+7}{7} = \frac{63}{7} = 9(mL)$입니다.

3. **민아, 준혁**
은수 : (여자 승객 수)=(전체 승객 수)-(남자 승객 수)=40-24=16(명)입니다.
민아 : (남자 어린이 수)=(전체 어린이 수)-(여자 어린이 수)=10-6=4(명)입니다.
똘이 : (남자 어른의 수)=(전체 남자 수)-(남자 어린이 수)=24-4=20(명)입니다.
원호 : 퇴원한 남자 어른은 16명이고, 퇴원한 남자 어른 수는 퇴원한 남자 어린이 수의 8배라고 했으므로 퇴원한 남자 어린이의 수는 2명입니다.
준혁 : 입원하고 있는 사람 수는 남자 어른 4명, 남자 어린이 2명, 여자 어린이 3명으로 모두 9명입니다.

디스커버리 수학 5권

1판 1쇄 | 2008년 10월 27일
지은이 | 힐러리 콜 Hilary Koll, 스티브 밀스 Steve Mills,
앤 브럼핏 Anne Brumfitt, 케리 위트웰 Kerrie Whitwell
옮긴이 | 나온교육연구소

펴낸이 | 김영곤

개발실장 | 이유남
책임개발 | 조국향
기획개발 | 신동한, 신정숙, 김수경, 탁수진, 조국향
마케팅 | 주명석, 김연주, 김보미
영업 | 최창규, 서재필, 홍경욱
디자인 | 씨디자인

펴낸곳 | ㈜ 북이십일 아울북
등록번호 | 제10-1965호

주소 | 경기도 파주시 교하읍 문발리 파주출판정보산업단지 518-3(413-756)
전화 | 031-955-2154(마케팅), 031-955-2116(영업), 031-955-2444(내용문의)
팩스 | 031-955-2177
홈페이지 | www.keystudy.co.kr

값 10,000원
ISBN 978-89-509-1593-3
세트 ISBN 978-89-509-1604-6

USING MATHS

Copyright ⓒ ticktock Entertainment Ltd 2004
First published in Great Britain in 2004 by ticktock Media Ltd.

Korean translation copyright ⓒ 2008 by BOOK21 AWLBOOK
The Korean translation edition is published by arrangement
with ticktock Entertainment Ltd. through Young Agency.

이 책의 한국어판 저작권은 영에이전시를 통한
영국 틱톡사와 독점 계약한 ㈜ 북이십일 아울북에 있습니다.
저작권법에 의해 한국 내에서 보호를 받는 저작물이므로 무단 전재와 복제를 금합니다.